看今天崛起豪气满腔，要做那振兴中华的栋梁。
我们探索开拓，我们献身创新，面向世界憧憬未来。要实现辉煌的理想。
——北京四中校歌《希望和理想之歌》

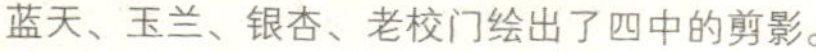

蓝天、玉兰、银杏、老校门绘出了四中的剪影。

礼堂楼外表面上，由上而下地镌刻着“勤奋，严谨，民主，开拓”的校训。大家高一的时候在低层楼，看窗外可以看到民主、开拓，而到了高三，我们在顶层，看到的就是——勤奋。

初见，我们从青涩懵懂，到相识相知，开启了一辈子的缘分。

经过刻苦练习，8 班在进入高中的第一次合唱比赛中一举夺魁。

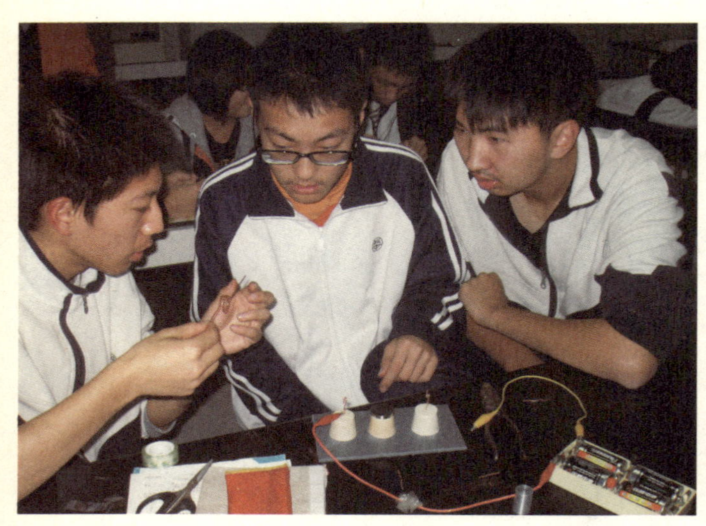

物理、化学、通用技术等课上，勤动手、勤动脑让我们不断成长与突破。

清晨的每日一题成了我们早上的风景线，逐渐从课代表出题到大家一起出题，良好的习惯，全班一起养成。

主题班会上同学们谈经论道，各展才华。

下课后遭提问“围堵”的老师，想离开我们可没那么容易。

高一高二的学生在高考周时间进行修学考察活动是四中的传统，读万卷书行万里路。
游学支教中，看山区的孩子们写下自己的梦想，希望他们能和我们一样有机会去实现。

台湾游学，在台北第一女子学校结识宝岛上同样优秀的一群有志青年。

十渡秋游，拓展训练，看看并肩屹立的同伴，我们一起迎接挑战。

运动会上，我们踏得最齐，喊得最响！

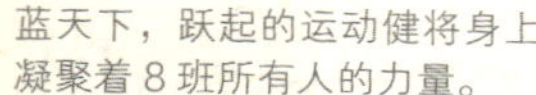
蓝天下，跃起的运动健将身上
凝聚着 8 班所有人的力量。

足球联赛、篮球联赛和放学后的时光一起奏出一曲令人回味的青春之歌。每当夏天来临，透过晴空，我们仿佛还能听到那山呼海啸般的加油声，急促的哨声，篮球震地的声音，看到8班每个勇士的英姿。

话剧《雷雨》同学们精彩的演技，DV 大赛看王智丰变身名侦探，陈智鹏本色出演小五郎，卡拉 OK 大赛，酷炫的选手们，处处秀出 8 班的人才辈出，多才多艺。

捐赠证书
Certificate of Donation

北京四中 2012 届 8 班：

感谢你们向"大地之爱·母亲水窖"公益项目惠捐人民币壹仟元整（收据编号 1100135625），特颁此证。

母亲水窖
WATER CELLAR FOR MOTHERS

谁言寸草心　报得三春晖

我们积极参与太阳村、温馨家园的养老院志愿服务，我们把最后的一笔班费捐赠给"母亲水窖"。

"做杰出的四中人"，从感恩开始；"做杰出的中国人"，从向需要的人伸出双手开始。

崭新的校园沐浴着朝阳，同学少年蓬勃向上。
我们在祖国的怀抱中成长，美丽的校园荟萃着群芳。
听书声琅琅啊歌声飞扬，和时代旋律一起交响。
——北京四中校歌《希望和理想之歌》

高考备考的日子。

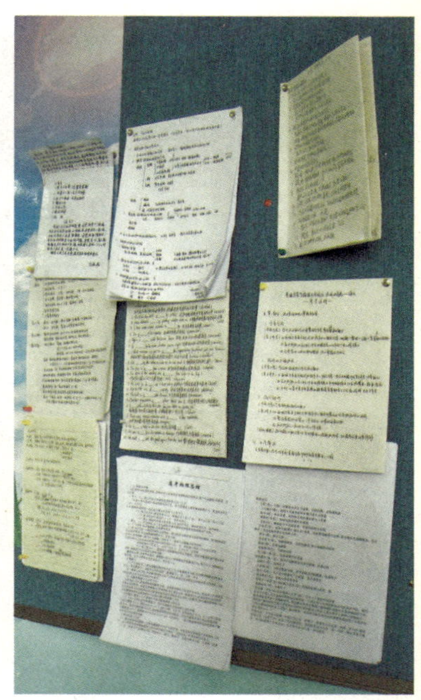

(2) 第一天 5月26日 星期六
7:00 起床、刷牙、吃早餐
8:00 进入自习室 8:00～8:40 成语考察、字音字形
8:40～9:00 休息
9:00～11:30 理综一套（不得提前交卷）
11:30～12:30 休息、聊天、吃饭、阅读
12:30～2:00 改错本（第一本）
2:00～2:30 午睡
2:30～3:30 休息（背课文）

高考前的最后一周，班里大部分同学都来到学校集体自习，墙上是科代表们做的各种总结和知识点整理，高老师组织大家分享复习计划、相互答疑，高三，最后的一刻，拼了！

毕业典礼上，8 班送高老师的礼物是用我们的照片拼成的高老师肖像。

“2013 京城魅力教师”榜单（公办中小学幼儿园）

“2013 年京城魅力教师”入选者简介

郭刚山
语文
北京教育学院丰台分院

方芳
英语
北京四中

陈年年
语文
北京四中

高杰
化学
北京四中

张朋
科技
八十中学

2013 年 9 月，高杰老师被新浪教育、《北京晨报》评为“京城魅力教师”。

我们毕业了，考出了平均裸分 642.5 分的好成绩，感谢高老师三年来的无私付出。

北京四中8班的教育奇迹

高杰 | 编著

中国青年出版社
CHINA YOUTH PRESS
中青文传媒

图书在版编目(CIP)数据

北京四中8班的教育奇迹 / 高杰编著 .
—北京：中国青年出版社，2014.1
ISBN 978-7-5153-2160-8
Ⅰ. 北… Ⅱ. 高… Ⅲ. 中学教育－经验－北京市 Ⅳ. G630
中国版本图书馆CIP数据核字（2013）第301904号

北京四中8班的教育奇迹

编　　著：高　杰
责任编辑：肖　佳　赵　玉
美术编辑：李　甦　刘方堃
出　　版：中国青年出版社
发　　行：北京中青文文化传媒有限公司
电　　话：010-65511270/65516873
公司网址：www.cyb.com.cn
购书网址：zqwts.tmall.com　www.diyijie.com
制　　作：中青文制作中心
印　　刷：三河市文通印刷包装有限公司
版　　次：2014年4月第1版
印　　次：2014年4月第1次印刷
开　　本：787×1092　1/16
字　　数：200千字
印　　张：18
书　　号：ISBN 978-7-5153-2160-8
定　　价：36.00元

专家推荐

本书展示了班主任高杰老师带领该班48名同学与家长们不断追求卓越的历程，其过程既充满艰辛、曲折、欣喜，又包含哲理、规训、启迪，足资成长过程中的青少年及父母们借鉴。

——中国教育科学研究院研究员，中国陶行知研究会副秘书长　储朝晖

本书真实详尽地记述了一位优秀班主任的治班理念、情感态度、方法策略、智慧经验、典型事件，文笔清新、生动、自然、流畅，充满真情实感和独到深刻的育人理念，既可以对年轻的班主任老师产生非常积极的影响，也非常值得高中生及其家长阅读。

——北京师范大学教授，东亚科学教育学会主席　王磊

本书告诉所有的教师：如何以自身的行为立德为范，如何以科学的行动实施教育教学活动、营造一个和谐进取团结向上的班集体，如何以爱心激发学生的活力、培育学生的完整人格。我为高杰的快速成长和取得的成就感到高兴，对《北京四中8班的教育奇迹》予以郑重推荐。

——北京师范大学教授，北京师范大学继续教育与教师培训学院院长　包华影

目录 CONTENTS

他们比普通孩子更难引导，更难教育。作为老师你的智商、情商必须超乎其上，而你的身价又必须和他等同，你必须和他平等地处在一个层面上交流，却又要在有意无意之中影响他，启迪他，改变他，发展他。

高中三年，多好的学生都得拼。优秀生最值得我们学习的有两件事，一是掌握了好的学习方法，二是严格按照学习规划执行到极致。我们一定会遇到许多困难，最重要的是要有坚定的意志、乐观的精神和永不放弃的行动。

光学习，不玩耍，聪明小孩也变傻。我们相信教育的本质是关注孩子一生的成功。学习的能力是培养出来的，担任各种职务，参加足球篮球赛、K歌、演话剧、军训、游学和参加成人礼，都是在培养能力。

序言

教育是一份幸福的工作

• 北京四中校长　刘长铭

什么是幸福？这是一个严肃而深刻的哲学命题，也是自古以来人类所追求的理想。怎样才能幸福？有人认为富有是幸福的原因。这种观点也许现在会得到社会上大多数人的认同。的确，美国的一项调查显示，富人生活得更加快乐。但很快就有人提出质疑：富人之所以感到快乐并不是因为有钱，而是因为快乐的人更容易获得成功，变得富有。哈佛大学前校长德瑞克·波克在《幸福的政策》一书中引用的一项长期研究的结果表明，入学时被测定为快乐的学生到40岁时，要比同时被测定为不快乐的学生多挣30%。究竟是富有的人更加快乐，还是快乐的人更容易富有，这还是一个我们没能搞明白的问题。

但我相信，对今天我们这些算不上富有的人来说，我们在生活中享有的便捷也早已超过了古时候的王公贵族。如果今天我们仍不能感到幸福快乐的话，那恐怕要到物质财富之外去寻找原因了。比如，我们在与同侪相比时所产生的心理落差，我们身体的健康，我们在社会上的安全感和被信任的程度，我们在工作和生活中遇到的各种棘手问题，以及我们对未来生活中种种不确定因素的隐忧，等等。这里也不排除我们的生活态度和对幸福本身的理解。因此，在提出做“幸福的四中人”的时候，我们也就开始了对幸福这一人生命题的探索。在与许多老师的交流中，我们提炼出了全面和谐的幸福观，这就是**“享受工作、取得成功、赢得尊敬、获得发展、精神丰满、和睦相处、衣食无忧”**。

享受工作是一种重要的幸福理念。古今中外的文化中常将工作描述成痛苦的付出。中国古人认为成功的标志是成为“人上人”，要成功就要吃得“苦中苦”；西方的文化观念也与之类似。在《圣经·创世纪》中就有这样的情节，上帝为了惩罚亚当的野心，罚他到凡间去工作。将工作与痛苦划等号，这不能不说是一种陈腐的旧有观念。一个人如果不能享受到工作的快乐，那他或她就很难感到生活是幸福的，因为工作几乎要占去生活的一半光阴。其实**敬业并不意味着痛苦的付出和个人的牺牲，快乐工作的人常能从工作中获得更多的幸福**。在我的同事中，有许多废寝忘食勤奋工作的人，他们为工作付出了大量时间和精力，甚至牺牲休息日，但从他们的脸上我看不到一丝痛苦和厌倦。**对于教师来说，快乐工作的人更容易建立融洽的师生关系，更容易取得学生的信任，会更深刻地影响学生的成长和发展，因而也更有可能取得成功**。教师的成就感就源自于看到学生在自己的影响下发生变化，从学生身上找到自己精神与文化的基因，这样的教师也必然会得到学生的尊敬甚至敬仰，享受到精神层面的快乐与幸福。

教师既是一个容易走向封闭的职业，也是一个可以走向开放的职业。走向封闭还是寻求开放，完全取决于教师是否愿意和善于将自己激活，用北京四中刘葵老师的话来讲，就是“让心灵醒着”。我曾遇到过这样一些教师，他们对所教的学科知识不可谓不娴熟，但在教科书之外所知甚少，他们的心灵和精神没有能得到及时的补充而日渐枯竭，这使他们容易感到工作和生活的乏味。而我们也能发现这样的教师，他们始终保持着对新知的渴求，他们的课堂常讲常新，他们不断将自己获得的新知和人生体验融入教学，与学生分享。我相信这样的教师是幸福的，因为他们能从工作和生活中获得新鲜感，永不厌烦，他们的精神也会不断得到充实。和睦相处也是幸福的重要来源，这里既包括同事之间的相处，更是指家庭成员之间的相亲相爱。我总认为，一个人生活和工作的最大动力和幸福的源泉主要来自家庭的温馨和恩爱。

我们之所以将这七个方面称之为“全面和谐的幸福观”，是因为这七个方面缺一不可。然而在实际生活中，能够兼顾这七个方面而获得完整幸福的人并不很多，甚至少之又少。这里需要社会环境的宽容和理解，需要自身的努力和豁达的心胸，需要注重文化修养和提升精神境界，需要克服或抑制不切实际和永无休止的个人欲望，等等。说到底，这是一个涉及到生活态度、价值取向和人生观的问题。

北京四中化学教师高杰博士可以说是一个幸福教师的典型。从教育教学工作来讲，她无疑是一名成功的教师。她所任教的班级不仅成绩优异，而且她深受学生的爱戴和尊敬，这对一名从教时间不算很长的年轻教师来讲，是莫大的荣誉和鞭策。她在学校担任多项工作，事务繁杂，整日忙忙匆匆，但无论何时，你所遇见的高杰总是面带笑容，充满乐观和朝气。在工作中，她善于收集和总结材料，不仅可以从中挖掘智慧和经验，也可从中享受工作和生活的乐趣，给自己留下许许多多快乐美好的记忆。她目前是在职博士后研究生，这是她永不满足的求知欲和进取心的象征。此外还要特别提及的是，她有一个幸福的家，可爱的儿子和她一样快乐。她把人生的每一阶段都安排得科学、合理、紧凑，因而在工作和生活的方方面面都取得了硕果。

这本书不仅是她工作的记述，也是她生活轨迹的描述。从中我们可以看出一个成功的年轻教师的人生态度。这对读者来说，也许是最有意义的。

自序

把孩子培养成才要有大爱和智慧

•高　杰

北京四中是一所百年名校。能考进四中的孩子都是家长和老师眼中的优秀生，而能进入科技创新实验班的孩子更应该算得上优秀生中的佼佼者。我有幸陪伴他们度过了高中三年，有经验教训，更多的是满满的收获。

2009年7月学校责成我担任2012届8班——科技实验班的班主任。翻看桌上那一摞厚厚的档案，我感到了一份沉甸甸的责任。

阅读那些详细的文字材料时，我眼前晃动着48个活蹦乱跳的孩子，那么多耀眼的光环：实验中学、八中、北师大二附中、五中、二中、潞河中学，各种名牌示范校的年级、班级第一，市三好、区三好，各种竞赛比赛大奖……每个孩子身上都凝聚了父母多年的培养和全部期待，他们每个人身上也都承载着这些花季少年的飞翔之梦。

面对着这群聪明又优秀的学生，面对着48双父母期许的目光，我作为这个集体的掌门人，该如何承担好班主任的责任？三年后，我真的能为他们插上隐形的翅膀，引领他们自由地飞翔吗？

2012年6月，8班在高考中取得了出色的成绩。年级前10名4人，前15名6人，前30名11人。考入年级前50名和前100名的人数都是全年级各班中最多的。在8班参加高考的41名学生中，23人的高考成绩达到了北大清华的录取线，最终18人选择北大清华继续深造；其他学生分别被中国人民大学、北京师范大学、北京航空航天大学、复旦大学以及香港理工大学、香港城市大学、香港科技大学录取，还有的学生远赴重洋，被美国哥伦比亚大学、美国西北大学、韦尔斯里等大学录取。最终8班的一志愿录取率达到97.8%，平均裸分成绩642.5分，我真为他们感到骄傲。

回顾和8班学生一起成长的三年，我发现常人眼中的优秀生，其实在很多地方并不省心。他们身上背负着太多的光环，优越的教育环境养成了优越的自我认知，他们自尊自律，也自恋自负，高智商下有着现代孩子们的通病——极度自尊又非常脆弱，无法承受批评、面对失败；很难接受不同意见，冷漠叛逆、我行我素。有的孩子不和父母交流，不关心父母的病痛冷暖，有的整天痴迷网游动漫，也有的曾一度陷于二人世界。

你能想象得到吗？那些学科竞赛成绩优异，课内学习和课外活动兼优的学生，不仅面对巨大的压力时会彻夜难寐，也会因为学习、生活或情感上的挫折自暴自弃。实际上，他们比普通孩子更难引导，更难教育。他们既需要精神引领，也需要规范。你的智商、情商必须超乎其上，而你的身价又必须和他等同，必须和他平等地处在一个层面上交流，又要在有意无意之中影响他、启迪他、改变他、发展他。

这几年我一直都在思考一个问题：如何把学生培养成国家和社会所需要的优质人才？我的体会是：一是爱心，大爱之心，把学生当成自己的孩子，有母爱却不溺爱；二是智慧，用教师的实践智慧科学、合理地引导学生渡过难关，全面发展；三是付出，在关键时必须全身心的付出。你付出的是时间和精力，换来的是国家的栋梁、明天的希望，值了。

在此，我用我笨拙的笔，记录下我和8班一起成长的日子。祈望和读者共同品味和分享这一路走来的经验和收获。

本书部分内容为北京市优秀人才培养资助项目课题（2011D008007000002）的研究成果，感谢该项目的资助。在本书成书过程中，我得到了8班同学和家长的大力支持和通力合作。刘校长亲笔作序，中国青年出版社编辑赵玉从构思到设计均提出宝贵建议。借此书付梓之际，一并感谢各位的辛苦劳作和挚爱之情。

高杰

2013年岁末

第 1 章

教育
就是让每个孩子都成才

他们比普通孩子更难引导，更难教育。作为老师你的智商、情商必须超乎其上，而你的身价又必须和他等同，你必须和他平等地处在一个层面上交流，却又要在有意无意之中影响他，启迪他，改变他，发展他。

1. 我和8班冥冥之中结了缘

分班后，我分期分批地约见学生。当时办公室正在装修，闷热的三伏天开不了空调，蚊子把我们叮得浑身都是大包。不过师生畅所欲言，无拘无束谈天说地的感觉真好。那个假期忙忙碌碌，却很充实、快乐。

我和8班的缘分始于2009年夏天。很早就知道我是8班的班主任，但是不知道哪些孩子会来8班。那个暑假，我最早被安排做的事情是给48名学生打电话，名单是按照录取名单随机分给每位班主任的，通知的内容是8月份有入学教育，不要安排外出活动。从我现在保存的那个笔记本上，我看到了这些熟悉的名字：任可、刘通、左云龙、白林禹、欧阳德念，当时孩子或者家长接到的第一位四中老师的电话应该就是我打给他们的。

接着就是分班。年级组长刘银老师给我们每位班主任手中一摞档案，教学处已经按照分班考试的成绩分好。我们要去调整每个班的学生，调整的内容包括男女生比例、住宿生非住宿生人数、团员非团员人数以及是否来自同一所初中校等，目的是使实验班和平行班之间尽可能地均衡。四中在这些方面考虑得很周全，工作也做得很细致。

在调整的过程中，我对档案中孩子们的情况越来越熟悉了，暗自希望这个班就是我的8班。调整结束后学校决定要用抓阄的方式选择自己所带的班，目的是公平和公正。这当中还有一个小插曲，两个理科班中都有“男李想”。当时被告知实验班的每个孩子几乎都有理科竞赛和科技特长，但是我手中的李想是一个文艺骨干，我就把我手中的李想交了出去。最后，经过核实，捡来了8班的“李想”。抓阄的结果是，最初分到我手里的那一摞档案又鬼使神差地被我抓了回来，冥冥之中决定了我和8班的缘分。

分班之后，我给每位学生和家长发了电子邮件，在给学生和家长的信中分别列出了七个问题（见表），以便于更好地了解每一位学生。当我开始查看学生和家长的回信时，几乎每天晚上都要看到十一二点甚至下半夜，看到兴奋时，顾不得夜深人静，也要给他们发个短信，有一种淹没在书信中不能自拔的感觉。而这些学生也随着书信阅读的过程，由一个个名字变得丰富和生动起来。

表　给家长和学生的信

给学生的信	给家长的信
1. 关于你自己——你认为自己是一个什么样的人？包括：你的现状（生活方面的、学习方面的、人际方面的……）；你的理想、你的兴趣爱好（你喜欢的运动、你喜欢的音乐、你喜欢的书籍、你喜欢的人物、你喜欢的风景、你喜欢的色彩、你喜欢的生活方式……）；你的优点或者特点（你的身体外形方面的优点/特点、你的性格方面的优点/特点、你的人际交往方面的优点/特点、你的学习方面的优点/特点……）	1. 在您的眼里，孩子是一个什么样的人？
2. 请你简单谈谈自己的成长历程，当然也免不了成长的烦恼。十五六岁的你对生活最大的体会是什么？你成长过程中最大的收获是什么？对你影响比较大的人、事、书籍是什么？值得记忆的事情是什么？你成长过程中很遗憾的或者觉得不尽如人意的事情是什么？……如果你还有想特别说明的地方，也可以写出来哦。	2. 您对孩子最大的影响是什么？

给学生的信	给家长的信
3. 和爸爸妈妈在一起的时候…… 你的感觉怎么样？ 你愿意和他们谈论哪些话题？作为家中的重要成员，你在家里都做些什么事情？你觉得在父母眼里，你是什么样的？	3. 在教育孩子过程中您最成功之处是什么？
4. 和朋友在一起的时候…… 你是否有相处时间较长的朋友？你觉得在朋友眼里，你是什么样的？你觉得一个好朋友应该是什么样的？	4. 在您的印象里，您的孩子在学校是个什么样的学生？您对孩子在学校担任一定的社会工作有什么想法？
5. 在学校里…… 你是否有比较喜欢的老师？你觉得在他/她眼里，你是什么样的？你觉得一个好教师、一个好班主任是什么样的？	5. 在家庭里，孩子的表现怎么样？和您相处如何？孩子是否关心和理解您？有哪些具体表现？
6. 关于你的学习	6. 请说出您孩子的十个优点、缺点或者特点。（请至少包括：一项身体外形方面的，一项性格方面的，一项人际交往方面的，一项学习方面的。）
7. 你希望自己生命的15～18或16～19岁如何度过？	7. 您觉得一个好教师、一个好班主任应具有哪些素质和特点？

来信中我印象最深的有冯天一，她把她的空间的地址发给我，还有几篇日志，当时我还真是访问了她的空间，浏览了日志。还有李昪，除了发给我博客地址，还写了如下一段话："如果高老师愿意，希望您能在百忙中抽出时间看看我的博客，并点评一下；如果您有

时间我也希望得到您的回信，问题与您问我的一样，只不过把身份调过来，比如，您是否有比较喜欢的学生？如果您认为还有别的问题更重要，可以随意谈，相互了解将更加缩短我们的距离。谢谢！”我当时的感觉是这小子太有想法了！我喜欢有想法的孩子。我的回复是：男生的话，我喜欢像刚毕业的09届3班鲍辉那样的，任何时候都阳光、乐观，充满信心和希望，善良又多才多艺。刘双城的回信生动得像小说，坦率、有感染力，读完后我觉得这孩子是个奇才。还有罗琪，她提到：我从初中班主任处听说过您的“强大”……唉，在此之前我还不知道我的名声有那么坏，呵呵。

分班后，我分期分批地约见学生。和孩子交流时本来计划1小时聊完，结果他们话匣子打开就滔滔不绝，上一拨没走，下一拨就来了，几拨人混在一起热闹非凡，一圈圈的孩子围在我的周围。当时办公室正在装修，闷热的三伏天开不了空调，蚊子把我们叮得浑身都是大包。不过师生畅所欲言，无拘无束谈天说地的感觉真好。那个假期忙忙碌碌，却很充实，快乐。我在有限的时间内尽最大可能去了解了每一位学生。我相信多一份了解，才可能多一份信任，要想带好这个班，就要最大限度地了解每一位学生。

沟通：拉近师生间的距离

敞开心扉是良好合作的基石。师生和家校之间多沟通才能多了解，只有多一份了解，才可能多一份理解和信任。对于初接班的老师来说，沟通显得尤其重要，通过沟通可以帮助老师更全面地了解孩子，了解家庭，也才能更好地因材施教，帮助每一个孩子成才。沟通的方式有很多，可以是书信、短信更可以是面谈或家访。

对于孩子来说，多与老师沟通，可以让老师更好地了解你的想法和特点，便于更好地跟老师合作学习。对于家长来说，与老师是战友，彼此的目标都是让孩子更好的成才，多与老师沟通，有利于形成教育合力，促进孩子更好的成长。

2. 173条校规受益一生：先做人，后做学问

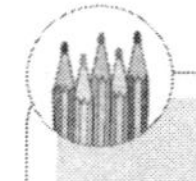

我希望学生们能够成为这样的人：冷静理智但不乏热情；真诚宽容但不失原则；自信认真但不较劲，谦虚谨慎但不唯上唯大。

开学后两天的入学教育很快过去了，也第一次让同学们体验了一把“四中精神”，这其中给同学们震撼最大的要数“长篇累牍”的校规了。我最大的体会是这173条看上去有点苛刻的条条框框会让学生受益终身。

四中的校风是“优、苦、严”，我告诉学生从他们的角度理解应该是“严、苦、优”，没有严格的规定，不吃点苦去修正自己的不足，何来的优秀？学生首先要理解学校的“严”，然后心甘情愿地去吃“苦”，才能换来将来的“优”。同时，四中更注重“先做人，后做学问”，在这个班集体中，我希望每个孩子的优势得到强化，弱势得到弥补。不止是在学习上，更重要的是在做人上，希望他们经过三年的历练真正的成长。

短时间的入学教育，四中又留给了同学们怎样的印象呢？从学生的入学教育体会中可见一斑。

教育的目的在于净化心灵

四中的校门外是一条林荫路，安静却带着市井的喧嚣。然而一走进四中的校园，你就会被这所百年名校所散发出的独特气质所深深吸引，整个心都沉静下来。古朴的校园里有在绿树掩映下的白色建筑群、静静立在草坪上的训诫石、刻满名言警句的连廊，还有在校园里工作

学习生活的人们。这种气质像是风。风行水上，下面纵有漩涡急流，风仍逍遥自在。

参观校园、学唱校歌、迎新会、校规解读会、优秀毕业生报告会、班会、歌咏比赛，这一切都是在安静有序中进行的。

其中给我留下最深印象的是优秀毕业生的报告会。学长们儒雅的气质、睿智的思考、清晰的思路、大气磅礴的讲话，都给我留下了深刻的印象。坐在台下的我不只一次地想，我三年之后能否也能在礼堂里为学弟学妹们讲话，是否能成为像他们一样优秀的人才。在短短的两个半小时里，学长们把他们高中三年的经历、挫折与我们分享，使我们能够做得更好，避免重蹈覆辙。虽然七位学长都以相当优异的成绩考入了我国最优秀的大学，却没有一个人向我们传授学习方法与考试的秘诀，他们教给我们的是“先学做人，再学做学问”的道理，学习的心态，甚至人生的规划。这就是四中与其他学校的不同之处，也是四中在从不加课从不补课的情况下，依然能培养杰出人才的原因。教育的目的并不在于教会我们多少知识，而是在于净化我们的心灵，提高我们的素质，陶冶我们的情操，使我们具有驾驭知识的德性。（鞠念桥）

良药苦口利于病

为期两天的入学教育结束了。这短短的两天，不仅使我融入了高一8班这个充满活力的班集体，还使我对四中的高中生活有了全面的了解。

作为一名普通学生，我学会了严格遵守校规校纪。说实话，刚开始我对它们也挺反感的。多达173条的校规，每条都在我们身边，再加上时时刻刻都有值周生在检查，一不小心就会被逮个正着。更惨的是，还与班级评比直接挂钩，扣分措施很严厉，犯了错会遭到全班一致声讨。然而，老师们的教育让我意识到，严格的校规正是校园秩序的保证。四中的校风正是“优、苦、严”，而“严”是前提。校规会营造良好的校园环境，让我们能踏踏实实地学习，安安心心地参加各种活动，使混乱、攀比、浪费从此销声匿迹。我们将因此拥有卫生整洁、井然有序的校园。校规并不是洪水猛兽，没有那么可怕。也许开始我们会犯错，但只要我们虚心改正，没有人会过多地责备。在全体同学的监督下，我们会养成良好的行为习惯，严格要求自己，这将令我们终生受益。“良药苦口利于病”，遵守校规很重要。（李楚楠）

德才兼备可行天下

几天的入学教育，收获良多。

首先，先学做人，再学做学问。人是一种社会动物，任何事情的成功，都需要他人的帮助、关心与支持。有德，别人才会喜欢你；有才，别人才会需要你；德才兼备者，可以行天下。做一个大气的人，与友共进，是我努力的目标。引用荀子的话自勉：“君子宽而不慢，廉而不刿，辩而不争，察而不激，寡立而不胜，坚强而不暴，柔从而不流，恭敬谨慎而容。”

其次，学业专一。学长的演讲让我感慨颇深，他们的谈吐让我钦服，他们的价值观虽有所不同，但他们的经历都说明了一个道理：贪多嚼不烂。引用荀子的话自勉：“蚓无爪牙之利，筋骨之强，上食埃土，下饮黄泉，用心一也。目不能两视而明，耳不能两听而聪。螣蛇无足而飞，梧鼠五技而穷。”

再次，学会取舍。尽力而行，无力而止。引用荀子的话自勉：“所欲虽不可尽，求者犹近；欲虽不可去，所求不得，虑者欲节也。”

再次，同学各有长处，注意效仿。引用荀子的话自勉“见善，修然必以自存也；见不善，愀然必以自省也。”

再次，求学于人，注重交流。要注意言辞。引用荀子的话自勉：“故礼恭，而后可以言道之方；辞顺，而后可以言道之理；色从，而后可以言道之致。”

最后，天道酬勤。引用荀子的话自勉：“夫骥一日而千里，驽马十驾则亦及之矣。”（刘双城）

希望在接下来的三年中，我能够培养出学生的这三种品质：

1、面对不同的生活角色，勇于承担自己的责任；

2、面对社会的纷繁复杂，具备更好的适应社会的能力；

3、面对生活的不可预测，拥有独立乐观勇敢的生活态度。

最终，我希望我的学生们能够成为这样的人：冷静理智但不乏热情；真诚宽容但不失原则；自信认真但不较劲，谦虚谨慎但不唯上唯大。

品德：用严格培养高尚的人格

刘校长曾经说过：“学校教育首先要使青少年拥有善良的人性、美好的内心和优雅的举止，这样才能使我们未来的生活充满关爱、友好、尊重和文明，学校教育更要有助于不断提高人的生命的质量，使今天的青少年在未来生活得更加文明、更加科学、更加幸福、更加美满。”

越是优秀的学校，校规越是严苛。这些校规实际上有许多都是日常生活中的道德规范，虽然苛刻却可以在不知不觉中塑造学生的人格，培养良好的习惯和集体荣誉感。我们认为，严格的纪律不仅让学生们体会到别样的自由与和谐，而且是在教学生们学会做一个品德高尚的人。孩子们如果想在集体中享受到更多的自由，享有更优雅和谐的环境，首先就要悦纳严格的规定。

3. 当班主任就像生孩子，必须负责到底

人一辈子关键的时候只有几步。跨过去，就是一片蓝天。在最关键的时候我们绝对不能放弃，这是对一个家庭负责，更是对青春对生命负责。

在入学教育中，我已经深切体会到了班主任肩上那份沉甸甸的责任。短短的两天中，我的生活紧张又忙碌，忙得连喝水的时间都没有。48个孩子来自不同的家庭，怀揣不同的梦想，我要尽可能为他们实现梦想提供舞台和条件。

这种责任感，年级组长刘银老师在第一次班主任会上用了一个特别贴切的比喻：当班主任就像生孩子，为人父母，想好了要这个孩子，就一定要对这个孩子负责到底。

还记得高一第一次大型考试前，我跟同学们开玩笑：只要考试总会有排名的，只要有排名总会有人考最后一名的。就是不小心考了最后一名也没关系，关键是我们要从挫折中吸取经验教训，争取做得越来越好！即使在做足了功课的情况下，高一上学期期中考试后，也有些学生或多或少出现了问题，甚至有学生受了刺激不想到学校来上学了！

还记得初见小A的印象：一个面容清秀，看似文静也不乏个性的小姑娘。高一上学期期中考试后，她表现出对学校生活的不适，这很容易让我想到了当初的自己。

同样是高一也是在当地最好的学校，期中考试后我的成绩跟自己的预期相差太大，这让我变得特别不自信。大大咧咧的同桌一句

“瞧你这熊样”让我难受了很久。和初中时的自己相比，曾经成绩优异带来的光环，老师和同学的万众瞩目似乎在一瞬间消失了。而且当我发现周围的同学在很多方面都比我强，我开始自卑，不愿意见到以前的同学和老师。心情不好，身体开始发飙。我开始得鼻炎，不停地吃中药，一连吃了一百多服苦药汤。

在妈妈一直不放弃的坚定鼓励下，我在高二时走出来了，或者说别无选择地被逼出来了，我只能坚定地拼搏高三，参加高考，弥补高一高二的荒废。或许让自己增强信心最好的方式就是默默积累，增强实力，我又慢慢找回了自信。现在回头看那段经历对我来说是特别珍贵的财富，感谢妈妈的坚持，感谢那时老师同学的鼓励。

当小A遇到这样的情况时，我觉得跟当初的自己非常的相似。小A的反应显然比那时的我要激烈得多，她不能来学校上课了。在小A第一次写给我的信中她提到中考时犯了胃病夜里不能睡好，所以我告诉孩子们她最近因为胃病比较严重睡眠不好，早上不能来学校。之所以这样说首先是觉得小A只是青春期适应不良的一种反应一定会调整好，其次我不希望因为含糊的表达造成其他孩子的恐慌。我希望班里有更多的孩子能够关心小A，能发短信询问情况或者小A来学校时能主动帮忙补课。班里的孩子们都很善良，不少孩子在课余时间问我小A的情况，希望能够帮她做点什么，特别是班长。

后来我去家访跟小A交流，毫不隐瞒地讲出我高中的那段经历，希望她不要背包袱。我知道小A的内心非常痛苦。又有谁能真正理解一个未成年孩子的纠结？我一直坚信她一定可以走出来！

后来小A又经历了一些坎坷，今年看到她被美国那么优秀的大学录取，由衷地为她感到高兴。假期看到她成熟了，长大了，我和家长一样开心放心。这段经历有可能是人一生中最难的考验之一，但是只要走出来了，就是财富。我想起那句话：人一辈子关键的时候只有几步，跨过去，就是一片蓝天。在最关键的时候我们绝对不能放弃，这是对一个家庭负责，更是对青春对生命负责。

担当：不抛弃，不放弃

教育永远是个性化的，没有任何一条规律或者经验适用于任何不同的个体。现在的独生子女家庭中，孩子缺乏同伴，是自我的，是孤独的。我们应该尽力帮他们构建一个可能在她还不能独立的时候帮她站起来的小环境，帮她走出困境，重塑自我。青春期应该比更年期更难度过，因为经历青春期的是未成年的孩子，他们缺乏生活的经验，缺乏理智的判断。不管孩子带给我们的是惊喜、是荣誉，还是痛苦是纠结，当班主任就像生孩子，他们依然是我们必须负责到底的孩子。我们要相信办法总比困难多，得失总是守恒的，我们都要对他们不离不弃负责到底。老师和家长的职责就是不管多艰难，挑战有多大，我们都要带给他们改变和希望。

对于孩子来说，要认识到每一个人的成长都不是一帆风顺的，与顺境相比，逆境更利于我们成长。不管遇到了多大的困难，都要珍爱生命，珍惜青春，要记得这个世界上有很多人是爱你的，我们共同努力，一定可以渡过难关。

4. 和谐的班级氛围是努力学习的开关

优秀生是培养出来的，更是好的环境熏陶出来的。想要帮助孩子们创建和谐的人际关系，让他们在班集体中有归属感是很重要的。

在高一的诗歌朗诵比赛中，8班在第一个出场的情况下一举夺魁。在总结会上，我给同学们讲了一件令我感动的小事。

在准备诗歌朗诵的头一天，我在晚上8点多钟接到朗诵比赛成员李霁的电话，问我晚自习下课的具体时间。因为他不是上晚自习的学生，只好藏在教学楼的男厕里给我打电话。

他说想等下晚自习后和参赛的同学再一起练习一遍，但不能去班里自习，以免被晚自习老师发现人数不对而给班里扣分，他也不敢在楼道里徘徊，也担心给班级扣分。我把这件事情说给大家后，班里响起了阵阵掌声。这掌声是给李霁的，也是奖励给集体的。掌声的背后是每个孩子对8班的归属和认同。

高一下学期，某位同学因为身体原因和环境不适应的原因不能来上学，张爱西每天晚上给她发一条短信，告诉她当天班里发生的各种趣事，同学老师之间的各种奇思妙想，诸如左主席又发表演讲了，子言吐槽了，智鹏冒泡了，班长卖萌了，春哥（语文老师）格言上榜了，剑叔（历史老师）语出雷人了，石明（政治老师）爆料了等等。这些每日不断的“爱西晚报”，对一个孤寂在家的孩子是多么大的心灵慰藉啊！爱西用这些贴心的话语让这位同学感受到了集体的温暖。

这些以大局为重、关心同学的孩子在集体中得到了认同和赞美，同时也带动了更多的孩子参与其中，让8班拥有了超强的凝聚力，更有了学习的动力。

团队合作力量大

初到8班，我心中曾涌起了很大的失落感。在各个学科上都出现了很多真正的强人。同学当中有的出版过诗集，有的已完成高中数学学习，有的酷爱化学，有的在看到题的瞬间就能报出答案，他们都给我很大的震撼。我曾是课堂上的引领者，现在却不时成了被动的接受者。有时，同学的思路远比我的好，但我因为虚荣而固执己见，这就离正确答案越来越远。在发现这一问题后，我开始努力地倾听别人的思想，努力学习别人的方法。我大胆地与别人交流难题与困惑，才发现同学原来是那么的坦诚，都非常愿意与我深入探讨。

我还记得，在寒假期间，我们物理小组的几位同学一起备考一个物理竞赛，我们是如何无私地相互交换了试卷。特别是和同学交换了错题，是一次对自我漏洞极好的修补。我由衷觉得，团队合作的力量比个人的单打独斗要强大得多。在一次次思想的碰撞中，每个人不仅仅收获了新的方法、新的思路，更宝贵的是收获了新的友谊。（刘双城）

优秀的学习氛围催你奋进

到了高三下半学期，所有的人都显出了一丝疲态，但每当课间或者晚自习的间歇时，听到的不是“好累啊”这样的泄气话，而是“这道题怎么做？”或是“你看这道题这样解对不对？”目标可以靠自己制定，努力可以让自己监督。作为学习委员，我是多么高兴可以在这样一个班里学习！

当时我的同桌对我说过一句让我记忆犹深的话："你知道吗，当每次自习时听到周围都是刷刷的奋笔疾书的声音时，我都会觉得自己如果不去学习是一种罪过；当周围的人都在讨论问题的时候，我会为自己没有在思考而感到焦虑。"优良的学习氛围所能带来的，是你完全无法想象的巨大却又无声无息的帮助。（邢霄）

其他班上的李高阳同学出于对8班的逐渐熟悉和热爱，最终在高三转到了8班。我能深刻地体会到8班这个班集体对于孩子们的意义，我们共同营造了一个像家一样的宁静港湾，一个让人留恋和珍惜的摇篮。

8班像阳光照亮心扉

在话剧社招新时，我们决定要排一个社内公演的片段，当时圈定的《雷雨》第二幕中周萍与蘩漪"谈判"的那场。当时社里闲人不多，饰演周萍的任务落到了我身上，但谁演蘩漪成了问题。

几经周折，我找到了8班李烨，她接下了这个活儿。一个星期的排练、自入社至今最成功的一次演出（虽然只有40个观众，只有10分钟），我被李烨身上的一些东西打动了——我想，是她的认真、执著与合作时的默契吧。有了这个开端，我和8班的交往逐渐多了起来。

那时，我和小白、戴维、老谭、双儿等等这样一群或可爱或奇葩或神牛的人熟悉了起来。我看到了8班人的真诚、直率与睿智、深刻。与他们的交谈从来不会让你厌烦——无论是小白的数学科普还是老谭的一些缥缈辽远的疯话。在原班级内的生活让我感到有几分压抑绝望，不消说谁能理解你，哪怕半点共同语言也找不到。

是这种巨大的反差，让我越发地爱8班：是8班的这群可爱的人

（不限于李烨和点名提到的其他那些，是所有，是这个班级创造出的一种“感觉”）将一束阳光洒进了我当时阴郁愁闷的生活。这让我下定了决心：期末，必须努力考进8班。（李高阳）

让我难忘的还有常元，她是四中初中部考入本校高中的学生，虽然最后调离了8班，却对8班有着无尽的珍惜与依恋。

我和8班的不了情

8班和从前的班集体都不一样。

常常会让我有一种平和的幸福感。

所有人都善良而且积极，简单而且幸福。

每一天只要踏踏实实过好自己的日子，不用想太多劳心费神的事情，更不必要小心翼翼，谨慎之极。

放心地把事情拜托给同学的时候，常常最终的结果比你预想的还要好上太多。

哲学、体育、电影、文学，每个人都是底蕴丰富的一本书，不经意翻开一页常常就让人惊叹许久。

不管最后去了哪里，再过多久，所有的情景依旧清晰如昨——

忘不了开学教育时，尚未熟识的我们一鼓作气拿下了第一次歌咏比赛第一。

忘不了第一次记全所有人姓名的满心欢喜。

忘不了因为机缘巧合，去主持班会，那是我第一次为班里做些什么。

忘不了流感悄悄地在学校蔓延开来，最后停课时的人心惶惶。

忘不了天文台缓缓打开的开心与感动，好像等了很多年一样。

忘不了冬炼时，寒风刺骨中所有亲爱的同学咬牙跑出的第一。

忘不了舞会、联欢、五光十色的光影斑驳，连回忆都染上一层温润的颜色。

忘不了在太阳村，同学们坐在桌旁，面对一盆盆包子，吃得就像一家人一样。

忘不了卡赛《流年》的惊艳。

忘不了DV大赛的种种纠结和令人捧腹的片花。

忘不了军训的点点滴滴，关于西瓜、拉练、相互扶持。

忘不了游泳比赛女生第二男生第一的霸气……

还有上课时同学们专注的眼神与妙语连珠的回答，自习时教室里笔尖擦过纸面的沙沙声，水泄不通地围住老师提问，晚自习互相讨论一道难题的解法……所有这些细枝末节，我全部都记得。（常元）

团结：和谐奋进的氛围是努力之源

团结和谐的班级氛围是用心营造和呵护的。

刚入高一时，我跟孩子们描述过理想的班级：不要求大家都做听话的孩子，我更欣赏有个性有想法的孩子，但是个性并不等于各色。我希望同学们是懂事的，知道如何在一个集体中表达自己的想法，约束自己的行为。我希望班内的男孩子是积极自信爱运动的，女孩子是优雅独立不强势的。我不希望看到各种追求自我利益的小团体，我们需要的是一个和谐的大集体。

营造和谐班级氛围是有方法的。首先，要引导孩子们学会欣赏，乐于分享。我经常告诉孩子们提高自己最好的方式是帮助别人，要学会欣赏别人的优点。其次，想要拥有和谐的班级氛围，还要注意用事实说话和树立榜样胜于说教。

5. 鼓励孩子直面学习和成长中的困难

不管是班主任老师还是家长，都要鼓励孩子直面学习和成长中的困难，打破轻松学习、快乐成长的幻想。不经历挫折不可能有真正的成长，至少不能很快地成长。

我经常对学生们说，不管你以前有多优秀，那都已经是过去时。在新的环境中，这么多优秀的学生集中到一起，我们要以新的起点重新开始。即使暂时出现了在学习或一些活动中表现不够好甚至跟自己的心理预期相差很大的情况，也是非常正常的。

我喜欢用化学上的有效碰撞来帮学生分析这个问题，活化分子只有在碰撞方向正确的时候才可能发生有效碰撞。如果开始没有考好，未必说明你没有努力或者说明你的学习能力不够，可能是你的复习方向的问题也可能是方法的问题导致的，千万不能因此而失去信心。不管你在学习、生活或心理情绪上遇到任何困难，请记得来找老师，我愿意倾听并有能力帮助你解决问题。

小B是一位学习成绩出色、性格也比较开朗的男孩子，同时是一个完美主义者，对自身的要求非常高，高到甚至有时候有些苛刻。3月底的一个课间操时间，我正在办公室备课，小B突然走到我身边叫了声：老师……

我抬头一看顿时震惊了，小B的手臂用绷带吊了起来，而且是右手。昨天上午上课时见他还好好的啊！我赶紧让他坐下来了解情况。

原来昨天下午做了一套统练习题，他发现自己做得不够理想（其实结果真的还是相当不错的），于是在教室门外下意识地用拳头捶了一下玻璃，结果玻璃碎了，手背严重划伤。昨天傍晚他去医院进行了缝合，好在韧带没有损伤，不过一段时间内石膏还是不能拆的，而这时离“一模”只有十几天了。

他告诉我昨天他的情绪还是很稳定的，觉得既然已经发生了，就既来之则安之吧。但是今天他又开始觉得心里非常难过，觉得对不起老师，同学们和父母一定对他很失望，特别是马上进行的体育会考只能被缓考，而且体育老师还给自己争取了足球体育特长生的考试机会。各种思绪涌上心头，孩子在这个时候变得不淡定了。

其实这件事即使发生在一个成年人身上也不可能完全泰然处之的，更何况是一个如此追求完美的孩子。我快速地思考应该怎样帮他。跟老师和家长的解释都相对容易，但是跟同学们解释似乎还要格外用心。

我了解到当时班里只有一名同学看到他的手捶在了玻璃上，大多数同学并不知情，可能是道听途说地了解了一些情况。最后我跟他商量决定在下午的课前两分钟跟同学们解释一下事实，最重要的是提醒同学们引以为戒。现在是关键时期，四中每天一节的体育课会一直坚持到高三毕业典礼，同学们在积极锻炼身体的时候要保护好自己。同学们在这个阶段的考试会相对频繁，一旦出现心情不好的时候，一定要采取合理的方式疏导自己的情绪。我们经过商量确定下来办法后，小B感觉如释重负。

回到教室后，我对同学们说下面我们需要给小B同学几分钟的时间。小B站在讲台前说：我想跟大家说一下我的手受伤的事。结果同学们都乐了，其实这是在意料之中的，估计同学们也一定觉得这是件糗事，发生在谁身上都是挺背的。不过在他真诚地提醒同学们都要注意安全时，我观察到大家的眼神，是对他坦然分享和提醒的一种欣赏，同学们对他报以热烈的掌声。

最后我提醒所有的孩子注意安全，如果有情绪要采用合理的方式及时疏导。我想这次交流是成功的。一是小B放下了思想包袱，而且也没有影响他在同学心目中的形象；二是同学们得到了有益的提醒。孩子们在成长的过程中可能会遇到意想不到的烦恼，有时候需要独自承受，有时候与其独自纠结确实不如分享。希望每一个孩子在这高三的最关键的阶段都能平安顺利地度过。

勇气：直面学习和成长中的困难

不管是班主任老师还是家长，都要鼓励孩子直面学习和成长中的困难，打破轻松学习、快乐成长的幻想。不经历挫折不可能有真正的成长，至少不能很快地成长。在战胜困难的过程中，学生们收获的不仅是知识，更有毅力、恒心和克服困难的勇气。

6.“幽默劝学”给高三增添一抹亮色

在焦灼的高三阶段，学生是最需要关注、鼓励和帮助的。对于一个已经带了两年的班级，我了解每一个学生的性格特点和学习潜能，更重要的是给学生爱与信任，鼓励他们坚持，更在学生最需要的时候陪伴他们。

好的开始是成功的一半。这个班级在建班之初打下了团结和谐、学会选择、奋勇争先的底子。只是成长的过程可谓一波三折。

这个班的理科成绩虽然还不错，但是因为很多男孩子偏科，语文、英语成绩不够理想而影响了他们的整体实力，更有些同学因为暂时的成绩不理想，年前排名落在平行班同学的后面，让一些孩子开始对自己的实力产生了怀疑。整个高一年级，8班的班级平均分在实验班中的排名多数居于末尾。作为班主任，没有一点压力是不可能的。但压力不该是抱怨自己没有遇到一个成绩全优、不偏科的班级，不是怀疑这些学生的学习能力，更不应该是埋怨学生不好，奚落相对落后的同学，而是跟学生共同面对问题、解决问题。

我承认曾对8班不尽如人意的平均分失望过，但同时也对每一个孩子充满了希望。为了帮助他们提高英语成绩，我跟他们一起背单词，参加英语的百词竞赛。为了帮助学生们更好地规划时间，我跟他们一起做计划，并将我的计划贴在班内进行展示。每次大考后分析成绩的班会上，我都有意躲避成绩暂时落后学生的目光，我真的不想给他们造成压力。在高中阶段的学校教育中，学习成绩是评价学生的重要指标。这种评价比成年人世界对成功的评价都要残酷。所以我一直在班上强调：虽然成绩是衡量你学习进步的一个重要指标，但它只是一个相对指标，并非绝对指标。这次的成绩只是对已经过去的一个阶段的总结，但是却不能代表你的未来。我能看到大家身上都有那么多的优点，相信未来你们在各个不同的领域都可以成为优秀的人才。

高二是一个容易倦怠和疲惫的阶段。年级前30名的孩子因为怀疑学习的价值和意义，一时间出现了缺乏学习动力的问题。各类竞赛的种子选手，也因为课内学习和竞赛难以兼顾，萌生过退出竞赛团队的想法。还有更多意想不到的情感困惑、职业迷茫，及因生活挫折产生的对社会的怀疑，各种情绪逐渐在班里弥漫开来。

回想我们的成长过程，在青春期不是也有过各种奇奇怪怪的困惑吗？随着年龄的增长也都迎刃而解了。在这个时候，作为班主任老师首先要临危不乱，坚信遇到再“奇葩”的状况都是正常的。所以我告诉同学们遇到一些困惑是正常的，这些问题不是只有你一个人会遇到，大家都一样。我们要能做到见山开路、遇河架桥。后来，我就多和有困惑的学生谈话交流，动员同学们共同帮助遇到困难的同学。最后，很多同学都靠自己的努力和大家的帮助走出困境，重新投入了学习。

在焦灼的高三阶段，是学生最需要关注、鼓励和帮助的时候。在高三的每次大考后，我都会对每一个同学的成绩和排名做无数次的分析。对于一个已经带了两年的班级，我了解每一个学生的性格特点和学习潜能，通过帮助学生对自己的情况进行客观的分析，给学生坚定的信念，鼓励他们坚持，陪伴他们成长。

同住一宿舍的三位帅哥耿思桐、戴维和谭乐辰集体迟到了。在高三最关键的时候，8班最近已经好长时间没有人迟到了。开始自习了，我到教室外给他们打电话，但是3个孩子都没有接。我正在班内着急，只见他们3个匆匆忙忙地冲进教室。我首先判断可能是睡过头了，然后立刻在头脑中构思，应该如何在班里说这件事呢？置之不理肯定是不行的，现在正是关键时期，全年级都在抓学风。而且不批评就是纵容，也是对班内其他准时参加自习同学的不公平和对班级纪律的亵渎。而严厉批评也不合适，因为临近“二模”，孩子们学得累是谁都知道的。突然一个念头闪现，想起了时下流行的电视剧《甄嬛传》。班里很多孩子忙里偷闲会瞧几眼，而且甄嬛体现在网上很流行，有的孩子也在玩笑中使用。

于是我用了几十秒在脑子里构思了一下，决定用甄嬛体劝学一番：

几位小主早自习迟到实在是极不体面的事，既影响8班颜面，又影响诸位小主在众女生心中的光辉形象，请务必引以为戒，自行斟酌改进为好！立刻改进自当极好的！

班里的同学们笑起来，3名男生显得很不好意思。其实这个阶段确实很累，记得我在当年这个时候也经历过睡过头的事。而且我清楚地记得那天早上是上物理课。我们都还在睡梦中，宿舍最早起的室友冲进来刷一下拉开窗帘说：你们看都几点了？已经8点多了！我们马上穿好衣服，没有洗漱就冲进了教室，记得当时有很多男生取笑我们，非常难为情，也不敢抬头看物理老师的脸。那场景，到现在还历历在目。当时物理老师也没有严厉批评我们，只是提醒以后不要迟到。后来一直到高考，我们再也没有迟到过。对这种累，我深有体会，对老师的宽容也十分感激。如今我做了老师，我要用自己的幽默和宽容让我的学生们收获快乐。

修行：班主任就像身兼数职的教练

当班主任就是一种更高程度的自我修行。我常常将自己的角色想象成教练，像篮球、排球这样的团体性竞技运动的教练。这个教练的角色又可以具体拆分成“偶像”角色、家长角色、心理医生角色和向导角色。

所谓的“偶像”角色，不是让学生对班主任形成个人崇拜，而是遵循“亲其师，信其道”的道理。只有一定程度地崇拜老师的教学和为人，才更可能亲近老师，也就更容易信服老师。作为同时担任科任老师的班主任，一定要在教学上善于钻研，精益求精，获得学生的认可。在做人上，一定要宽容、大度、大气而又富有智慧，才能得到学生的信任。

对于家长角色，我更多的体会就是不离不弃，负责到底。但是绝不能做事事包办的保姆。我希望学生对我的感觉像我对父亲的感觉，七分亲近，三分敬畏。

心理医生的角色则首先要求我们学会倾听，让学生愿意对你倾诉，不止一次不限时间的倾诉。尽自己的最大能力并求助更专业的人士共同帮助学生解决问题。

向导角色要求班主任要有很强的洞察力和实践智慧，能发现学生的问题所在，并尽可能地及时为学生指明方向。这些体会和操作方法都融合在本书的教育故事中，大家可能会从中得到启发。

7. 优秀也会成为卓越的敌人吗

从有些孩子身上我能看到他们从高一时因成绩优异而散发出优越甚至傲慢的气场，到高二高三逐渐变得睿智而低调；由曲高和寡的简慢、缺少朋友的孤高变得为人随和、喜欢集体生活，我为他们的成长感到骄傲。

从班主任的角度来说，我们培养出怎样的学生才算是优秀的呢？我觉得：一是有杰出的成就，在某一方面做得非常出色。二是有独特的影响力。能否在一个集体中做出独特的贡献，是不是集体中不可或缺的角色。三是历久弥新的活力。能够在相当长的时间内保持卓越表现，不受特定环境或者计划的限制。在遇到挫折的时候，能够迅速应对，并且变得更加强大。

是的，教育应该培养孩子历久弥新的活力！让孩子确信对卓越的追求是一个动态的过程，永远没有终点。如果我们以“优秀”自居而停滞不前，我们将永远无法达到卓越。

小C是一个追求完美的男孩，凡事都希望自己能做到最好，当然更希望自己是班集体中最优秀的孩子。高招咨询的那天下午，小C来找我，说感觉很烦躁，甚至预感到自己在刚入高三时那种烦乱不安的状态又要出现了。我想让他具体谈一下，看到他欲言又止，可能自己觉得不好说。我先安慰他，这个阶段人是比较敏感的，各种状态都可能出现，而且出现了也是正常的，我们一定有办法调整。

这时他对我说：老师，我们能出去走一走吗？我说：当然可以啦！坐在校园的连廊上，他告诉我：老师，我觉得自己很可笑，都不好意思描述自己的情绪。我告诉他：我在你这个年龄的时候，也有各种奇奇怪怪，甚至不可思议的想法。包括我以前送走的高三实验班的那些优秀学生中，也曾经出现过各种奇怪的情绪和状态，没什么解决不了的，说出来吧，说不定我有好办法呢。

他在说之前，先不好意思地笑了。然后说到自己现在对周围的声音特别敏感，包括班内一些同学说话的声音，甚至动塑料袋、翻书包的声音都能准确地听出是谁在动。因此他觉得不能安心学习，糟糕透顶。

就我以往的经验，这个阶段的学生在精神持续比较紧张的情况下，就会变得异常敏感。我想到了自己的高中同学在高三的那个夏天，因为满耳听到的都是窗外知了的叫声，无法投入学习而哭着去找班主任。我把我同学的事情告诉他，而且安慰他这是很正常的，其实很多人会出现同样的情况，都有办法克服。

这时他又不好意思地告诉我：他听到坐在后面的一些同学总问小Z问题，他感觉心里不舒服，想着他们怎么不来问我呢，我有几门科目特别是英语比小Z学得好很多啊。我知道小Z是他的竞争对手，他们相互欣赏，也彼此较劲。

我笑着开导他说：你们两个都很强，但是你坐前排，后面的同学过去找你会有距离，如果是我的话我也愿意就近解决问题啦！他这时候点头似乎认同我的说法，然后问我：老师，您说我是不是因为嫉妒小Z才变得这么敏感？

我说：适度的嫉妒是正常的，就像适度的焦虑，可以促进你努力不懈怠。但是目前这个阶段，很多孩子都处于有压力、有焦虑甚至偶尔想放松又茫然的状态，当出现这几种情绪心态不够平衡的时候，就会出现某种主导性的情绪。这并没有什么不正常。我们应该学会面对它，接受它，解决它，放下它。

小C这时已经感觉轻松多了，我明白即使我说的这些并没有实质性的帮到他，但只要他能说出来，又了解到他的这些情绪是正常现象，对他来说就是很大的帮助了。

离开之前，他说：老师，我会好好梳理一下自己的情绪，整理一下心情的。我说：我相信你一定能再次调整好状态，有问题随时再来找我。两天后的一个课间，他找到我说：老师，我回去分析了我的不良状态出现的原因。第一，我因为之前放松了几天，导致一些该完成的学习任务没有完成，心情很烦躁。第二，我还是有些不自信，心理不踏实。第三，我觉得对于比我强的同学，我确实存在嫉妒心理。他还说他刚看了本漫画书，书中介绍的骑士精神使他受到启发。做人首先要谦卑，要放下自己骄傲的姿态，踏踏实实地做人，认认真真地学习。

反思：从优秀到卓越的必由之路

美国著名的管理学家吉姆·柯林斯说：我们没有卓越的学校，主要是因为我们有优秀的学校。我也认同暂时的优秀和片面的自我满足是卓越的最大敌人。之所以这么说，不是因为优秀本身存在问题，而是优秀的心态会让人们满足，让人们没有违纪的意识，让人们习惯地按照原有的方式运转。正如斯腾伯格的智力三元论中提到的，过于出色的学业成绩往往会让人们更重视分析能力，而忽略创造力。

现实中，从优秀到卓越的转变从来就不是一蹴而就的。在这个过程中，根本没有也不可能靠一次决定性的行动、一个伟大的计划或一劳永逸的创新。相反，这个转变的过程就好像无休止地推动着巨轮朝一个方向前进，轮子不停转动，积累的动能愈来愈大，终于在转折点有所突破，一跃而过。

现实中优秀的孩子确实容易自以为是，而且他们往往不容易认识到这一点，或者即使认识到了，多数也不愿意承认这一点。这时需要班主任的引导，帮助孩子养成一种自我反思的习惯，让他们更客观地剖析和认识自己，并鼓励孩子将他的这种心得体会分享给更多学生。

8. 如何看待青春叛逆期

逆反的孩子都是顺毛驴，顺着捋比逆着捋效果好。对待孩子的青春期叛逆行为，要讲点艺术性。谁不愿意听好听的呀？老师和家长在与逆反的孩子沟通时，要把姿态放低，心态放平，气放顺，沟通就顺畅了，效果也就显现出来了。

四中的孩子多数在初中和小学时学生成绩比较优秀，是当时班级甚至学校的焦点。他们的成长过程中听到的多是赞誉之辞，得到的是家长和老师的宠爱，看到的是同学们羡慕的目光。当进入一个更加优秀的集体中短时间内没有突出的表现时，当光环褪去时，当需要重塑人际关系时，当带着骄人成绩去处理情感问题时，他们往往更容易感觉到挫败。一方面表现为对自己的期望值过高，过分苛求自己，稍有做得不完美，便惴惴不安，情绪不稳定，严重的甚至出现强迫性症状；另一方面对他人和环境存在过高期望，对正常的生活环境和现象不能接受，不是抱怨周围同学素质低，就是埋怨环境设施不如人意，在学校中体验最多的是不满和不快，少有幸福感和快乐感，与周围的人相处困难，人际关系紧张。

这实际上也是青春期叛逆的综合表现。青春期孩子的叛逆不仅表现在学习上，也表现在家庭生活中。孩子跟父母缺乏交流互动，亲子关系僵化。有的孩子甚至在情绪失控时和家长“大打出手”。面对家长的声泪控诉，我提醒他们逆反的孩子都是顺毛驴，顺着捋比逆着捋效果好。对待孩子的青春期叛逆行为，要讲点艺术性。谁不愿意听好听的呀？老师和家长在与逆反的孩子沟通时，要把姿态放低，心态放平，气放顺，沟通就顺畅了，效果也就显现出来了。

小D最近跟父母发生了冲突，小D的父母约我到学校来谈谈孩子的情况。我清楚地记得那天下午的场景：小D的父母刚进入我办公室入座，下课铃响了。一群孩子从办公室的大玻璃窗前走过，小D也在其中。可能小D看到了他的父母，他径直走到我的办公桌前，双手重重地按在桌子上，气呼呼地喘着粗气，两眼狠狠地盯着他的父母，问道：谁让你们来的，你们来做什么？

我在瞬间观察到他父母的表情，他母亲还算淡定，父亲身体向后靠在了椅子背上，都没有说一句话。我赶紧告诉小D，是我约你的父母来学校的。家长约谈和家访是我班主任工作中很重要的一部分，我已经约谈了不少家长，我只是想更好地了解每一个孩子的成长环境和过程，我希望能和家长更好地配合，帮助每一位同学找到适合自己的成长之路。在我的解释下，小D才比较平和地离开办公室上课去了。

在和小D父母的交流过程中，我了解到最近一次小D和父母的冲突是因为玩游戏。小D周末不写作业，不出门，沉溺于电子游戏。父母着急了，特别是父亲粗鲁地把小D的游戏机摔了。小D当天晚上的反应是拿着话筒在父母卧室门口大声唱歌，一直唱到深夜。只要一听到父母卧室有动静，他就一直大声唱，不和父母对话。后来妈妈给他发了一条短信，告诉他父母一直都是爱他的，希望他考虑到自己明天要上学和邻居的休息，早点休息。但是小D不理，一直唱到自己疲倦了才肯罢休。

我心目中的小D是一个个性极强、聪明、有集体荣誉感的孩子。我曾经在他的博客上看到过他写自己爷爷、奶奶的文章，他也是个重感情的孩子，我从内心里还是很欣赏这样的孩子的。小D的妈妈告诉我小D在懂事的时候也很让他们感动，但是不懂事时跟父母谈权利、义务和人权，特别是对他没有节制地玩游戏这件事，父母实在是已经忍无可忍了。的确，电子游戏让很多男孩子着迷。我也曾因为一个游戏上瘾，曾经为了挑战某一关，不知不觉玩过通宵，那时我甚至想过学习要是能这么有意思该有多好啊！但我是成年人，很快我就脱瘾了，通关了也就没意思了。可是孩子们很难有节制，而且他们所玩游戏的档次肯定比我的高，是很难因为通关了就觉得没意思的。我把我的经历告诉了小D的父母，告诉他们一下子不让孩子玩的这种做法，孩子是很难接受的。我们可以跟孩子约定在完成作业的情况下玩，甚至退一步，先让孩子在周末两天全玩游戏的状态中，规划出两个小时来学习，一步一步来。

小D的父母希望我来跟小D谈。我先跟小D聊了一下玩电脑游戏的快乐。我告诉小D能把电脑游戏玩得很好的孩子肯定是聪明的孩子，我真的这么认为。但是我们光去玩别人开发的游戏，在一遍遍的试错中去过关也没啥意思，如果能更深入地知道游戏编程的一些知识，能更巧妙地过关就显得自己的游戏水平更高超。如果将来自己能够开发游戏，那就更厉害了。小D没有反对我的说法。

我接着提出我反对长时间坐在电脑前玩游戏，首先小D的腰不好，长时间地坐着对颈椎和腰椎都是非常不利的。未来要想事业有成，身体是革命的本钱。其次小D喜欢戏剧表演，这偏胖的身材上台也不好看呀！我提出必须要抽时间运动锻炼。这些小D都表示接受。最后我进一步提出，能不能从他周末奢侈的放松享受中，规划出一两个小时的学习时间。毕竟我知道小D深爱着班集体，也希望自己能为班集体做点贡献，虽然我知道他并不太在意自己的学习成绩。小D表示要考虑一下。我说我帮你做决定吧，咱们这周末先拿出1个小时读读书吧！就这么定了，我周一跟进检查啊！就这样我跟小D达成了初步的一致，虽然过程并不是我们想象的那么顺利，但却是有了良好的转变。

成长：有爱有原则地陪孩子走过四季

从身为母亲和教师的双重角色来看，孩子身上出现的一些反叛、不服管教等问题是日积月累形成的，冰冻三尺，非一日之寒。如果孩子小时候做事没有规划、没有节制，长期积累下来形成习惯，到了青春期就会表现得更突出、更难改。

这点如果出现在优秀的孩子身上，往往会因为他们出色的学习成绩而掩盖了问题，或者让老师和家长忽略了孩子在做人、修身上的短板。所以在教育孩子时，老师和家长一定要把教孩子如何做人和修身放在最重要的位置。

孩子的强烈叛逆常与家长或高压或溺爱的教育方式有关。高压锅式的教育力度太大，太强势，让孩子缺乏自主的空间。这样教出来的孩子感受到的压力越大时，反抗就越大。而蜜罐式的教育糖分太足，一味地溺爱、惯坏的孩子叛逆起来则会无法无天。

不管孩子在什么样的年龄阶段出现了哪些问题行为和习惯，我们一定要针对他进行适合他的教育和引导。在具体操作上，我们应该注意：态度可以是温和的，原则应该是坚定的。因为我们都爱这些孩子，爱他所以才要教育好他。

9. 优秀的孩子有个性，更难管

我希望他们是懂事、有礼有节的人。要识时务，能顾全大局，知道自己该做什么不该做什么。要听人劝，服管理，不能由着性子来。

8班有个性的孩子挺多，不敢说是全年级最多的，也不比其他班少。我不希望自己教出的孩子乖乖的、言听计从，像小绵羊。因为我总觉得太听话的孩子往往缺乏创造性。我希望他们是懂事、有礼有节的人。要识时务、能顾全大局，要听人劝，服管理。个性不等于各色，要懂得尊重他人、维护集体利益。

三年中，我也和学生有过小摩擦和微“较量”，印象最深的有这么两次：

第一次因为被学生吼而伤心落泪

高二下学期的早自习，在学校住宿的小E连续迟到了两次，我都进行了善意提醒。当小E第三次迟到的时候，我忍不住再次提醒说：已经连续三次了，不能总是起不来啊，真的下不为例了。他当时一只手捂着脸，听似不耐烦地大声说：我知道了！教室里瞬时间静了下来，同学们都抬起头看过来，张大了嘴巴吃惊地瞅着我和小E。我憋不住了，提高了嗓音：老师提醒错了吗？你怎么可以这种态度！我转身离开教室，带门用的劲比平时大，随着教室前门“嘣”的一声关上，我的眼泪夺眶而出。我难过、委屈，憋屈得慌。我当时的感觉就像一位一直深爱着孩子的母亲第一次被孩子不留情面地大吼。为了早自习能及时进班，我常常不能早上送自己的孩子上学，却换来了这样的回报。

接下来我努力调整情绪，去学校食堂吃早饭。在回办公室的路上，我的情绪逐渐平复了，我想一定要找时间和小E谈谈这件事。早自习下课了，在办公室门口，我看到了一个熟悉的高大的身影，哭红了眼睛望着我，是小E。他说是来道歉的，他刚才做错了，同学们都批评了他。我友善地接受了他的道歉，每个人都有情绪不好的时候。随后，我提醒他要尊重别人，尤其是自己有错的时候，实在受不了时可以暂时沉默，但是绝对不能放肆和粗鲁。

在交谈中我了解到，他是一个对睡眠质量要求很高的孩子。宿舍的同学们有时候晚上卧谈，有动静他就睡不着，第二天就实在起不了床了。今天早上他发现自己又睡过了，非常烦躁和自责，以至于刚才忍不住吼了出来。知道了原因后，我找了个合适的机会跟他同宿舍的同学们交流了一下，叮嘱他们晚上早休息，尽量不开卧谈会，同学们都赞成，这个问题算比较好地解决了。

拒绝填写调查问卷的课代表

校医抽中8班在课间操时间帮北京市疾控中心做问卷调查，全校的其他年级也有一些班级被抽中，但是高三年级只有8班。

下第二节课后，我进班看到大多数孩子都在认真地填写问卷，却发现我那心爱的化学课代表不见了。我猜他可能又是早上没有吃早饭去食堂了，虽然上操时间这样做很不合适，但他一定饿坏了。

我去食堂找了一圈也没见他，回班后发现他已经在教室了，并且正把桌子上的问卷揉成团，扔进抽屉。校医也发现了，走了过去，耐心地说不愿意填写没关系，不要有情绪。

我把他叫出来，开始还有点生气，但是转而又想或许是有什么原因吧。于是我把他带到了办公室，耐心地问他为什么把问卷揉皱。他说他觉得做这样的问卷没有任何价值，他从小就讨厌帮别人填写这种没有意义的问卷，而且他相信周围的同学很多都讨厌做这件事情，一定都是胡乱填写的。

我想想说，将来假设你做研究课题的时候，说不定也有需要别人帮助填问卷的时候，你是不是希望拿到的问卷结果是真实有效的？是不是也希望别人能认真填写？所以其实帮助别人的同时，也许就是在帮助自己。他想想也对，很快地填写好了问卷。

我把最后一份问卷送到医务室，跟校医和疾控中心的大夫们道歉。回班后，我告诉他大夫们对他能帮助填写问卷表示感谢。化学课代表有点不好意思了。

个性：乐群又与众不同

青春期孩子们的反常行为常常是有自己的原因的，但是在一个集体中，必须要有集体观念：在集体活动中，不能完全任由自己的个性张扬。有时候要牺牲自己的小个性。

不管是上学还是工作，我们都需要学会判断什么时候必须“受治于人”，什么时候可以“操之在我”。只有先让自己生存下来，才能更好地去改变未来。成长是需要过程的，有时候要狠心拔掉自己身上的一些刺，这虽然痛，但却是学会沟通与协作的必经之路。

10. 巧用班会引导孩子学会关心父母

在班会总结中我跟孩子们谈起我跟父母的关系。像他们这样的年纪，我也叛逆过，也曾经对父母出言不逊。但是当我自己成为家长后，在养育孩子的过程中，我才真正体会到父母的不容易，他们的付出是无价的。

我希望学生对我的感情像我对父亲那样，七分亲近，三分敬畏。对他们自己的父母，则有更多的敬与爱。事与愿违的是，现今孩子们的成长过程中，出现了很多让父母、老师目瞪口呆、伤心欲绝的状况。

在与家长的交流中，我听说有的学生一周和父母说不上几句话，只是伸手要钱物，张嘴要吃喝，自己的房间从不收拾打扫，连洗脚水都要父母伺候。还有甚者不让父母进他的房间，父母想到他的房间看一眼，得像大臣觐见天子一般，“恩准”了方可进门。一开始我也很震惊，静下心来想，多年来中国传统孝悌文化的缺失以及独生子女的娇生惯养，使有些孩子缺少对父母起码的关心和敬爱，更不知感恩。如何唤醒学生们冷漠的心灵，体恤父母的不易，让我颇费心思。

暑假的一天我收到了小F妈妈的短信，说她从医院做手术回家后，孩子在房间玩着电脑，都没有一句问候或安慰，她特别伤心。小F是个活泼外向的女孩子，或许是她没有意识到该问候一声，或许她在生活中真的对父母很冷淡，或许……我安慰了这位伤心的妈妈，想到计划里开学后要举办关于学会关心的系列班会“关心父母”，于是我告诉妈妈我决定让小F来组织这次班会，我相信她是一个善良的孩子。

开学后，我在班会计划上将“关心父母”的班会负责人定为小F。

小F准备得很用心，因为不管是最后班会呈现出来的内容，还是与同学们互动的环节，都看得出来她花费了不少的心思，班会也很成功。特别是那一组描绘小时候父母的恩情及父母年老后状态的漫画，让我印象深刻。

在最后的班会总结中，我跟孩子们谈起我跟父母的关系。在他们这样的年纪，我也叛逆过，也曾经对父母出言不逊。但是当我自己有了孩子以后，在养育孩子的过程中，我才真切体会到父母的不容易，他们的付出是无价的。我也提到了我的爱人，他曾经很多次在听到刘和刚演唱的《父亲》时饱含热泪，他经常说他最尊敬和钟爱的父亲去世得太早，“子欲孝而亲不在”的感觉是特别无力和让人悲伤的。

我一直也没有跟小F说起收到她母亲短信的事情，也没有跟小F去谈论如何关心父母的话题，我相信她已经意识到了这个问题，而且相信她一定会有所改变。不久以后，我又收到了小F妈妈的短信，说特别感谢我安排小F组织班会，小F真的和之前不一样了。

亲情：社会担当，从关心父母开始

面对孩子对亲情的冷漠，我们生气、争吵是不能解决问题的。首先我们要接受现实，然后想办法引导他们成长。班会之后，我再次走访了一些家长，发现对家长冷漠无视的状况有所好转。有的孩子开始关心起父母的衣食冷暖，知道体谅父母的不易了。

试想一个连父母都不关心的人，怎么会感恩他人？回报社会更无从谈起。让孩子在润物无声的教育中，反思并修正自己的行为，这应该是孩子成长过程中最需要经历的必修课。社会担当，要从关心父母、感恩家人开始。

11. 好学生也会早恋吗

对男女生之间萌生的情感，我是万分尊重的，但是不提倡在中学阶段去发展，而且坚决反对在集体生活中影响他人。如果老师或者家长希望孩子们在情感问题上能处理得有情有义、有理有节，那么适时的“发乎情，止乎礼”的引导是非常必要的。

苏霍姆林斯基说过：“爱情是对人道主义的最严峻考验，我们应当从一个人的童年和青少年时期就培养他们去迎接这场考试。”现实的情况是在孩子的童年阶段，我们对于这场考试的教育是比较缺失的。而当爱情一旦出现的时候，不管是对孩子还是老师和家长来说又显得比较棘手。

相对于“早恋”这个词，我更喜欢说中学生异性交往中的相互爱慕。中学生特别是高中生出现情感问题是正常的，是孩子们成长到十五六岁生理和情感发展的必然需求，更何况是在实验班这么优秀的群体中，有这么多优秀的男孩、女孩，怎么能不让人恋慕?

对男女生之间萌生的情感，我是万分尊重的，但是不提倡在中学阶段去发展，而且坚决反对在集体生活中影响他人。在高一入学之初，我就向学生表达了我的态度，在高中三年的不同阶段，我一直坚持我的立场。

我希望看到的是即使两个孩子相互喜欢，但是也不因为相互喜欢就黏在一起，出双入对，没有了其他的朋友。这样做，首先对于当事人来说损失很大，你少了很多的友情；其次，对于被迫看你们“演电影”的同学们来说，是不公平的。毕竟在四中很多孩子来这里还是为了通过学习实现梦想的，不是拖家带口的来提早感受人间沧桑的。

四中的孩子应该有更多的家国天下的情怀。

高中三年下来，8班的孩子们在情感问题的处理上，都是比较理智和低调的。班级整体风气比较团结、单纯、积极向上。如果老师或者家长希望孩子们在情感问题上能处理得有情有义、有理有节，那么适时的“发乎情，止乎礼”的引导是非常必要的。从以下学生的文字中，大家会获得更深的感受。

若要用一句话描述我高中时的情感经历，我会说那是一个很自然而然的过程。我们从朋友开始，相互体察，相互关心，慢慢建立起更深的感情。虽然从小老师、家长就教育我们上学时不能谈恋爱，觉得会耽误学习，但我想这并不一定。因为对于某人发自内心的好感是可以成为自己前进的动力的，像是更努力使自己的学习成绩更优秀一点，更努力让自己的投篮漂亮一点，更努力让自己风趣幽默一点，这些都是为了能得到对方的认可。总之多了份感情，就会有更多动力去做一个人时做不到的自己。

“希望自己变得更好”，我当时就是抱着这样的心理，我想她应该也是一样的。高三的时候时间很紧迫，所以我们经过商量决定平时在学校只讨论与学习有关的事，晚上在睡前也只用信息简短地交流一下想法或道声晚安。在别人看来我们的关系可能不是那么亲近，但我们知道保持一定距离、把重心放在学习上是这个阶段最需要做的事情，我们也相信舍弃一些东西是值得的。

那段日子的学习欲望确实很强烈，梦想带来的动力自然不必说，单从感情的角度上来讲，我们总觉得如果成绩下降是因为感情的缘故，就好像玷污了什么神圣的东西一样，所以两个人都会加倍努力，尤其是不想因为成绩下滑而给对方带来心理上的负担和愧疚感。那段日子里，虽然没有太多能够在一起相处的时间，连单独在学校吃一顿饭也没有，在班上也好像普通朋友，但是我们能共同为了目标而努力，在失落的时候相互鼓励，成功的时候相互庆祝，现在回想起来也已经感到十分幸福了呢。很庆幸自己能在飞扬的青春里遇到这样的她，也很庆幸当初做出了正确的决定而没有留下遗憾。

其实学生时代碰到心仪的对象是很自然的事，关键就在于如何正确地看待和处理。只要两个人在一起能够正视这种关系，相互促进，而不分心，就完全可以达到一加一大于二的效果，最终收获完美的结局。

高中阶段请谨慎并智慧处理感情问题

我认为每个人在年青的时候都至少要谈一次没有功利心、纯真的恋爱。恋爱的前提至少是彼此欣赏。

对于中学生的情感问题，我有几点建议：

1. 不要只是因为感到寂寞而去谈恋爱。这样对自己和别人都是不负责的。

2. 不要只是因为看到别人谈恋爱就认为自己也该去谈恋爱。你喜欢和追求的对象未必喜欢你，有时暗恋更痛苦。

3. 不要认为恋爱是你自己或者只是你们两个人的事。那可能会是一个班级、一个年级、一个学校，甚至两个家庭的事情，你要考虑对别人的影响。

4. 不要因为恋爱而耽误甚至荒废了学业。一个分不清轻重缓急的人，缺乏规划、责任感和毅力的人，最终也无法拥有长久的爱。

5. 恋爱是相互给予，而不是索取。恋爱需要双方精神上相互支持和促进，而不是依赖和拖后腿。

6. 感性和理性并不是互不相容的，我们需要理性的恋爱。这个世界完全由感性来支配将是个悲剧，由理性来思考才可能是喜剧。

7. 不要因为恋爱忽略了亲情和友情。一个爱情至上、可以忽略友情和亲情的人，其情感世界一定是不完整的，他将来无法给你完整和长久的爱情。

8. 如果你期望有美好的结局，就一定要保持一定的理智。

9. 父母是最了解你的人，在情感中遇到问题的时候，一定记得向他们坦诚求教，他们永远是最爱你的人，永远不会抛弃你。

10. 老师并不反对你们的情感，而是非常尊重你们的。只要你们能很好地处理，互相促进，老师一定会祝福你们。如果你们不能很好地处理，请记得在任何时候，老师和你们的父母一样，愿意在你有情感困惑的时候提供无私的帮助。

12. 孩子缺乏学习动力怎么办

在引导教育学生的时候，如果我们对孩子的困惑找不到充足的理由来说服教育，不妨和学生聊聊自己不喜欢或者不希望的事情。换一个角度看问题，或许老师和学生都会有别样的体会。

科技创新实验班的学生普遍理科成绩很突出，或者文理科都擅长且成绩比较均衡，这与他们学习自主性强、学习习惯好、自制力强、勤奋踏实等密不可分。但是这并不意味着他们在学习上就不需要老师操心，他们也时而会出现学习兴趣缺乏，学习动力不足的状况。

小G是一名学习成绩出类拔萃的理科实验班的学生，他在高一年级的历次考试中都保持着出色的成绩。升入高二后，他突然变得很懒散，感觉没有目标、学习枯燥。我在发现情况后，找他来聊天。他跟我说觉得现在所学的所有学科的知识都没什么用。

作为化学老师，我就以当时我们正在学的有机化学为例，提到我们讲解醇类和羧酸时都是紧密联系生活知识的，可以帮助我们提高生活质量或者解释一些生活中的现象。他承认有一些知识有其价值，但是还有一些感觉学了也没什么用。

我只好说那些知识是为你将来大学的学习打基础的，你的目标不是要考入清华北大吗？这孩子竟然说考上清北又能怎样呢？还是要学习，学的东西就有价值了吗？

他在说这话时不是跟我较劲，我真的能感觉到他的困惑。换位思考一下，自己上了那么多年的学，一直读到博士，到底哪些真正学以致用了吗?

随便编一个理由或者是生硬地告诉学生这个阶段你的任务就是学习似乎没有什么意义。这时我也觉得想不到说服自己的理由来说明这些枯燥知识的价值。于是我决定转换一个话题。我问孩子将来他的职业理想是什么?孩子说没想好干什么。

我说我帮你选一个，比如做个环卫工人，其实这份工作还是很有价值和意义的。孩子很激烈地反对说那可不行，那不是我的理想，我希望我的工作是坐在办公室的。

我进一步问，坐在办公室里干什么呢?打扫卫生、打印材料吧?他说他希望做专业技术性强的工作，比如技术设计或者有专业技术背景的公务员。看来这个小孩还是有职业理想的。

我接着问:你知道现在做公务员或者技术人员需要什么条件吗?他说：至少需要本科以上甚至研究生学历吧。我说：是啊，要考上本科或者研究生至少要读完高中吧?他点头。那你就踏踏实实地先学习吧!

之后的日子，小G的松散情况有所改善了。

激发学习动力：换个角度看问题

不管多优秀的学生，也还都是孩子。我们不可能要求一个优秀的孩子毫无差错地一直优秀下去，更不要指望这些孩子在你毫不费力的情况下，就能自然成长得越来越优秀。实际上，优秀的孩子更有学习压力和困惑，在高一至高三的多次班级调查中，我发现这些孩子80%以上的压力是来自于对自身的要求。有时激发这些孩子的学习动力更困难，不是仅靠说教就能解决问题的。所以，这就要求同样身为科任老师的班主任老师在以下两个方面下功夫：

1. 在教学上，我们光给学生强调知识的价值是不够的。作为一线教师，需要在教学设计中下功夫，尽可能做到“从生活中来，到生活中去”，让学生在学习的过程中真正体会到学习的意义，对学习产生兴趣。

2. 在引导教育学生的时候，如果我们对孩子突出的困惑找不到充足的理由来说服教育，不妨和学生聊聊自己不喜欢或者不希望的事情。换一个角度看问题，或许老师和学生都会有别样的体会呢。

13. 设个小陷阱让孩子们因祸得福

自我成长就是一次次跌倒和爬起来的串联。我们教育自己年幼的孩子不也这样吗？不妨让孩子摔一次甚至摔几次，自己总结经验记得更牢。

四中的高三毕业典礼实际上是由一系列的“最后一次”组成的。最后一课，最后一操，最后的晚自习，最后的早自习……我对于上一届最后一节化学课还记忆犹新。记得当时我在给学生答疑，突然被一群学生推上了讲台，最后和同学们一起合影留念。虽然没有见到那张照片，但是这记忆就定格在我的脑海中。经常想起来，希望照片中的那些孩子一切安好，不管在世界的哪个城市都要充满希望地生活和学习。

又是一届学生的最后一节化学课了，上课之前我一直琢磨着要跟学生说些什么。其实不管是8班还是6班的最后一节课，我都不是特别有要分离的感觉。因为剩下的两周我还会跟他们共同奋战到底，天天答疑。所以分别的话和对未来的祝福都不是我想说的，我最想在最后一节化学课告诉孩子们要静下心来，答卷时首先要注意审题。但是光口头强调是没有用的，我希望让他们能产生一种不注意审题就会出大错的震撼感。这时我突然想到了刚刚参加过的学校组织的卡内基培训中的一个活动环节，于是结合化学知识编写了一份材料如下：

各位同学：

正确审题是答对题目的前提，也是高考中各科正常发挥和得高分的关键和保证。在毕业之前，我们最后进行一次化学审题训练，请按照要求完成相关的内容（限两分钟完成）。

1. 发下试卷后，先不要动笔，要先将全卷看一下。在采取任何行动以前，请先阅读所有的指令。

2. 请在本卷的右上角写下你的名字。

3. 请在你的名字右侧写下你的学号。

4. 请在你的名字和学号的下方写下你的学校和班级。

5. 请在你的班级下方写下“正确”二字。

6. 请在“正确”二字下标出着重号。

7. 请在正确的选项右侧括号内写下“正确”二字

A. 硫酸钡可用钡餐透视（　）

B. 盐卤可用于制豆腐（　）

8. 请将字母A圈住。

9. 请在这张纸的左下角画一个三角。

10. 请在这张纸的反面做加法：6950+9805

11. 请将你的答案圈住。

12. 如果你认为到目前为止，你很认真地按照每一步指令在做，大声说：我做了！

13. 请用你正常的音量从10数到1。

14. 如果你做到这一步的话，大声说出：“我是第一个做到这一步的，我是审题的佼佼者。”

15. 现在你已经完成了阅读。请你只做本卷的第一、二和十六题。

16. 请说出：“我已经认真审题了，我做到了。”

在离下课还有10分钟的时候，我给同学们发了这份材料，告诉大家做最后一次审题训练，请同学们一定要认真阅读，并按照老师的要求来做。马上教室里就热闹起来了，有的同学开始忙着写班级、姓名、学号等信息，有的在画圈、画三角，有的同学开始算数，还有个别同学已经用正常音量从10数到1了，当然也有个别的同学在偷偷笑，我示意他们不要提示其他同学，按照考试的要求来做。不到两分钟，教室里就传来了同学们的爆笑和大呼上当的声音，因为他们都做到了15题。90%以上的孩子都不好意思也没有资格说出："我已经认真审题了，我做到了"。有几个孩子课下跟我说：老师，高考我一定会记得看清楚要求再答题的。这份卷子太"奇葩"了，一辈子都忘不了。还有学生当天就把卷子拍照发在网上分享，他们的很多同学包括一些外校的孩子也大呼"审题是关键"啊！

细节：小事成就大事

西方有句俗语说"魔鬼总是藏在细节中"，中国也有类似的古训言"天下难事，必做于易；天下大事，必做于细。"对细节的专注往往决定了最后的结果。

注重细节的实质是认真的态度和科学的精神，一个不经意的细节，往往能够反映出一个人深层次的修养。小事成就大事，细节成就完美。要想比别人更优秀，就要在每一件小事上下功夫。我相信能够做到这一点的人，未来一定能成就一番大事业。作为老师和家长，我们应该注意从孩子小时候就培养他们专注的习惯，让他们知道什么时候应该注重细节，及如何重视细节。而教育培养的方式不能只靠不断的提醒，或者是宣讲、说教，不妨让孩子摔一次甚至摔几次跤，自己总结经验记得更牢。

自我成长就是一次次的跌倒和爬起来的串联。我们教育自己年幼的孩子不也这样吗？

14. 灼热的高考前最后10天倒计时

对于一个带了三年的班集体，感情不深是不可能的。在我心目中，这个集体就像我的另外一个孩子。他们每一个人的音容笑貌、优点弱势都存储在我的脑海中，我希望他们每一个人在三年中都能健康、快乐地成长，更希望他们都能通过高考实现自己的理想。在高三下学期，我有幸见证并努力地记录着跟他们在一起的每一天。

5月28日高考倒计时10天：自习室的问题终于解决了，高兴+感谢

今天来学校自习的孩子很多，实验班的孩子们全在501，开着空调。以自身的经验，我非常担心一天下来会有孩子感冒，如果人少一些就可以开窗不开空调，这样环境和气氛都会好很多。8：10的时候，501几乎已经满了。我开始向科建宇老师和刘银老师求助，找科技楼、图书馆所有可能开放的教室。本来我是盯着科技楼的多媒体教室的，不幸的是被北京市的一个优质课录制活动占用了。万分感谢刘老师又跟物理组协调，终于拥有了一个自习教室。得到消息后，我飞奔到501，楼梯上遇到戴维告知，遇到秦达然、王博洋告知，实在是太好的一个消息了。HAPPY！

5月29日高考倒计时9天：稳扎稳打，颗粒归仓

高考也就相当于“三模”，也就是在约定的某个时间点必须要做的一件事情。而且对于这件事，我们已经模拟了很多遍，预设了各种情况，所以高考中一定不会有很多意外的，高考题一定是不偏、不难、不怪而且多数题目似曾相识的。相信离高考越来越近的时候，

同学们就越会有跃跃欲试的感觉。关键是在这些天中稳扎稳打、调整心态，高考中才能颗粒归仓。8班大多数同学都来上自习了，除了在校外图书馆和在家学习的四五名同学。希望同学们规划好时间，调整好心态，我们高考必胜！

5月30日高考倒计时8天：身体最重要，运动最快乐

自从毕业典礼后，高三的体育课和课间操就没有了，很多“学霸”从早学到晚。虽然精神可嘉，但是从长久来说对身体损耗很大。我心目中的好学生不是只知道死学习的，除了学习以外得有某项运动玩得不错，最好是球类，运动会上最好能有机会在运动场上叱咤风云。得有点文艺爱好吧，最好歌唱得不错。这么说8班的男孩子中还是有许多将来在大学里比较吸引女孩子的，比如以多才多艺的王博洋、马川同学为代表的一群男生。学习纵然重要，但身体最重要。考大学纵然重要，但一辈子的幸福最重要。

今天中午8班一群男生“被”参加体育活动了（作为老师的我这个时候还是很愿意组织这样的活动的）。乒乓球、羽毛球，虽然有风，但是我们玩得很开心。许子言同学穿着凉鞋都英勇参战，王智丰同学弹跳能力超强，曾志羽毛球确实打得好，我跟罗琪同学也配合得相当不错，刘通、陈智鹏从昨天开始就加入运动行列了。小白、王博洋、王宇驰、张鹏光进行了乒乓球双打。希望明天继续坚持，每天锻炼一小时很有必要，很重要！希望明天有更多的同学参战！

5月31日高考倒计时7天：礼物+运动

早上刚到办公室，看到桌子上放着一杯可乐。底下一张纸写着：全体8班人献给您的。去二楼自习室，一进门孩子们就笑，我猜这可乐

有问题，是不是他们每人喝一口剩下送给我的，呵呵。据说不是，可乐没问题，是吸管有问题！好在吸管被善良的双儿给拿走了，有这么多善良的小主，戏弄本宫还是没那么容易的，呵呵。不过这杯让人感动的可乐，我实在是不应该喝的，要留作纪念，拿回家冰冻起来？

6月1日高考倒计时6天：闲下来翻看8班以前的文字，有种揪心的感动

中午运动的孩子越来越多了，真是开心！看来我们昨天的义举带动了很多人哪！8班的孩子做得还是挺好的，打一段时间的球，该收就收了！每天坚持运动，生活不是只有高考这一件事情！身体健康，开心最好！

闲下来时翻看电脑中的资料，当年入学时孩子们和家长给我写的信，一直保留着。在我的电脑中有当年入学时为48个孩子建立的48个文件夹。又看到常元、李卉、耿瑞琪、李慕等同学写的信，看到常元写的高一总结，有种想掉泪的感觉。当年这些孩子从8班调走以后，最初每次看到他们都有想掉泪的感觉，我的粗神经不知什么时候开始变细了。太不争气了！这个假期一定要为这些孩子整理些东西，作为永远的青春纪念、在四中的纪念！

PS：《新京报》的摄影记者来拍四中的备考，我恰好在501门外给王博洋答疑，于是我俩就被拍了。不知记者有没有拍到我们中午和下午热火朝天打球的场面，一定要拍到啊！

6月2日高考倒计时5天：周六自习室依然有不少学生，坚持就是胜利

今天带棒棒（高杰老师儿子）去参加小小运动会，顺便去自习

室看了几次，依然有不少学生在自由自习。棒棒在校园里看到有学生打羽毛球时，突然说了一句：妈妈，你的学生知道什么时候该干什么事，什么时候不该干什么。一个不到5岁的小朋友对我们学生的评价还是相当高的，呵呵。调整好状态，坚持就是胜利！

6月4日高考倒计时3天：发了准考证，实现梦想的时刻越来越近了

6月4日，考前动员，发了准考证。双儿突然说：老师，我也要参加高考了。没有一次因为升学的紧张和焦躁，人生是会有些缺憾的。成千上万人都顺利通过了高考，孩子们，你们也可以啊！

晚上在家跟家人聊高考越来越近了，有些孩子难免会有点紧张。棒棒在一旁画画听到后说：有什么害怕的，大胆考呗！孩子们，大胆考呗！

6月5日高考倒计时2天：依然有很多学生在自习，加油！

拍了一些照片，感觉孩子们状态还是不错的。高考是在这个时候必然要发生的一件事情，不会有多少意外，一切都会正常的。孩子们加油！

6月6日高考倒计时1天：早上看到有外校的孩子来看考场了

501自习室和物理第二演示室，依然有8班的不少学生在自习。早上8点多的时候，501中8班的孩子是最多的。考试前一天让自己静下来，保持好状态也是很好的选择。

早上看到外校的一些学生和家长来看考场了，其中二附中的学生有不少。可惜这个点还在打扫卫生，考场还进不去。祝愿所有明天参加考试的孩子好运。

6月7日高考进行中：第一天

在三中送考，8班有18个孩子在这里考试。看到他们入考场时个个状态还不错，有的孩子看上去还是略有紧张。但是语文考完之后，孩子们看上去状态就好多了。

在三中送考真是艰苦，我和苗老师、龙老师将椅子搬来搬去找阴凉地，快11点的时候，我觉得已经晒得有些头疼和恶心了。中午回四中吃饭的时候，龙老师的脸已经被晒得通红。好在我比较黑，还算禁晒。不过苗老师和龙老师都比我年长一些，肯定晒得极不舒服。下午继续找阴凉地。

6月8日高考进行中：第二天

或许理综真的难了，但是要难都难，如果四中的学生都觉得难的话，其他学校的学生更不会觉得容易。高考考的是综合实力，应付理综更是靠实力！心态不好，太胆怯或太轻敌都会影响正常发挥。即使一科考得不好，也要坚持到底，争取下一科考得好一些，总分最高！最起码不能在还没有努力发挥出自己的应有水平，没有坚持到底的时候就放弃！人生一辈子一次的高考，珍惜，坚持，结果一定会非常好！孩子们，加油！争取英语150！

6月8日K歌归来

发现8班的麦霸还是相当多的，其实我们8班的学生可以出张唱片了，专业歌手非常多。俩班长还是相当有号召力的，感觉去了30多人，没去的就几个。毕业了还能这么多人聚到一起感觉真好啊！

崔颢这小子比较沾光，我们已经是连续三年给他过生日了。高一时，在军训，全班女生给他写祝福。高二在修学游，又是很多同学和他一起吃蛋糕。今年更是有这么多同学，8班其他同学从没有过这样的待遇。崔颢欠我们每人一斤巧克力哈，赶紧打工挣钱给8班的同学们买，已满18岁了，可以养活自己了，呵呵。

真的是高考之后放假了，同志们该放松一下啦！但是安全第一，还有一定要记得多帮父母干活，不跟父母顶嘴，攒RP（人品）阅卷老师会手下留情的，哈哈。

从高中毕业典礼到高考的十几天中，我每天都坚守在学校给学生答疑。8班的孩子们分散在两个地点上自习，我每天上午和下午各两次去看他们。我有时跟他们聊聊天、开开玩笑，有时提醒他们该休息了或者带领他们去打球。我知道有我的陪伴他们心里会更踏实。2012年的作文涉及“坚守”和“责任”的话题。陈智鹏的妈妈在高考第二天告诉我：陈智鹏在作文中写到了我。他说每次听到我上楼去看他们的脚步声，他认为那就是一种坚守。或许最后十几天确实不能让学习能力提高多少，但是对于维持熟练程度和调整出最佳的应考状态至关重要！

15. 选拔和培养优秀班干部要“以德为先”

我认为一个人的能力比态度更容易培养，所以对学生干部的要求是“以德为先”的，在培养学生干部时，我将教学生做人放在第一位。

记得刚参加工作的时候，我向一位即将退休的老教师请教：如何当好高中生的班主任。

老教师说要记住两点：一是选好班干部，二是要立好班级的规矩。这让我在以后的教育教学过程中，记住了班干部选拔和培养的重要性。在实际的班主任工作中，我也切身体会到班干部的选拔和培养是班主任工作的一项重要课题。

选拔和任用班干部主要有以下几种形式：一是班主任任命制，比较适合于新入学的学生临时成立班委会；二是民主选举制，适合于班集体内的同学已经相对熟悉和了解的情况下使用。两种方法各有利弊，必要的时候可以相互借鉴，也就是用第三种方法——“综合式”班干部选拔制——将任命式和选举式二者的优点综合考虑，对于开学之初指定的临时学生干部，以开学到第一次期中考试作为一个考察期来再次选拔。

高一刚入学时，8班的班干部是在我与所有学生面谈或电话、邮件沟通后指定的。

确定人选时，我结合自己多年担任班干部的经验，同时参考了他们的初中老师的意见或评语。通过精心的选拔，我们的班干部主力都很大气，工作能力很强。当然他们能不能得到同学的认可，还要看他们的实际工作能力及为同学服务的意识。

高一上学期过半后，再次干部选举时，多数指定的班干部得到了同学们的认可，也有的班干部被同学们“民主”了。最终留下的，都坚持到了最后，为同学们服务到最后，甚至延续到毕业以后。

选拔班干部一般会从品德表现、能力（主要包括组织能力、号召能力、协调能力和语言表达能力）和表率作用（纪律方面、学习方面、生活方面）等三方面考虑，要求学生干部要“德才兼备”。但作为班主任，我认为一个人的能力比态度更容易培养，所以对学生干部的要求又是“以德为先”的，在培养学生干部时，我将教学生做人放在第一位。

学生干部的工作很大一部分是处理人际关系的工作。对于同一件事，善于处理人际关系的学生干部做起来得心应手；反之，如果没有良好的处理人际关系的能力，就会在实际工作中受到不必要的阻力。在跟学生干部交流的过程中，我除了跟他们探讨活动本身的工作方法、过程优化和效果外，往往会提醒他们反思在为人方面需要改进的地方，要照顾到合作和参与的其他同学的情感和感受，跟他们一起反思和探讨怎样可以做得更好。

通过精心的选拔，再加上一段时间的锻炼和培养，8班整个班干部队伍在工作上已经表现得比较成熟，具备一定独立开展工作的能力。这时我就鼓励班干部大胆放手工作，并全程关注他们的工作情况，以便必要的时候给予建议和支持。开展工作时我会建议他们在工作之前先列出流程，然后设定主要负责人，必要时班干部队伍中的多数同学都参与到活动中，更鼓励非班干部的同学参与活动。在工作过程中，注意分工明确，责任到人，同学之间相互支持和帮助。通过一系列的活动，不但锻炼了班干部的工作能力、协调能力，发挥了他们的创造性，同时培养了他们的团队合作精神，而好的工作效果又得到了同学们的认可，树立了班干部的威信，可谓一举多得。

每次想到8班的班干部，我都觉得亏欠他们很多，还记得我遗憾地告诉秦达然因为体育成绩不能参加高三的优秀干部评选时，她笑着对我说老师我做学生干部不是为了这些，因为我爱8班。还记得欧阳德念在高三缺生活委员时，主动辞去副班长的职务而承担起这项工作；还记得高三统练时，王博洋提前安排同学有序摆放的桌椅和教室外整齐的一排排书包；还记得岳鸣涛为了班级的荣誉，在校运动会上800米、1500米连跑；还记得张霄在高三主动承担的一次次班会任务和无数次的为同学服务的杂务；还记得邢霄一次次的考试成绩分析；还记得双城在成绩分析的班会上一次次发自肺腑的分享……每次想起，我总是感慨运气太好，能遇到这么一群善良、友爱、智慧、团结的小助手。

德才兼备，以德为先

司马光在《资治通鉴》中指出：“才者，德之资也；德者，才之帅也。”他说无能无德谓之庸人，有能无德谓之小人，有德无能谓之君子，德能兼备谓之圣人。所以，“取人之术，苟不得圣人、君子而与之，与其得小人，不若得愚人”，可见古人在选拔人才时对道德品质的重视。班干部的选拔与培养亦要重视德行。作为班主任，在选拔班干部的过程中，必须有方法、讲原则；在班干部培养上，班主任必须把握好方向，抓住教育契机，以逐步完善班级管理队伍，实现班级管理的目标。

16. 一个都不能少的师生情，不了情

我一定要等到今年来写这篇文章，完成这本书，因为我还有3个牵挂的孩子在2013年才能确定大学录取结果。

虽然我知道世界不是完满的，但我期待8班能够圆满。

如果这篇文章在2012年9月份写，可能会因收获的喜悦写进很多8班高考成功后的骄傲和自豪。可是我一定要等到今年来写这篇文章，完成这本书，因为我还有3个牵挂的孩子在2013年才能确定大学的录取结果。

2013年四五月份，我得到了冯天一被美国一所相当不错的大学录取的消息，6月份高考查分，收到了崔颢报告好消息的短信和电话，北大稳上了。8月20号左右，我在青岛接到了任可的电话，她告知我马上要去香港浸会大学报到了。接到那个电话，我感到无比的踏实和轻松。三年加一年虽然很不容易，但是2012届8班终于尘埃落定。

晚上做了一个梦

昨天晚上做了一个梦，梦见去看崔颢，他在复读学校的生活看上去还不错，两个人一个宿舍，就是空间小点，状态还好，相信他一定能考好的。梦中我想去看任可，但是她一直不接电话，不回短信。我就问鞠念桥：为什么任可一直不回短信也不接电话？鞠念桥说：老师不用担心，她在忙着写书，写了两本，已经出版了一本了，都是她妈妈帮助策划的……

收到了三张明信片

最近收到了三张明信片，是8班的孩子们假期出去玩邮寄的。看到欧阳德念写在卡片上的文字后我扪心自问：我对她的学习头疼过吗？我的确着急过，但是始终没有觉得任何一个8班的孩子不够好，我真心欣赏每一个孩子身上的不同优点。

高三的时候我重复说过多次：将来我的孩子能像他们其中的任何一个的话，我已经觉得很知足了。这是真心话。在我的眼中，每一个孩子都很优秀，而且我坚信一点：人的潜能在不同阶段会被不同程度地激发出来。

高中只是人生的一个阶段，不会决定人的一生。未来十年，每个认真努力的人都会前途无量。而我们，在任何时候都要且行且珍惜，都要追求卓越。

教师节快乐

从10月9号晚上开始就收到家长和学生的短信，今天早上手机一直不停地收到短信。最近没有联系的秦达然、岳忱、任可一早都发来了短信，感觉虽然久未谋面却暖如亲人。双城和楚楠一早8点多就来了，双城还要赶10点的课，楚楠军训黑了。邱雨嘉来了，戴维、耿思来了，张霄来了，陈智鹏来了，子言来了，李烨、李高阳、王博洋、主席、新哥来了，高健来了……

很开心又收到了在香港的几位同学的短信，还有岳鸣涛在复旦自习室发来的问候，心中非常感慨。今天除了回复同学们的短信，我也给我的老师们发去问候，永远感谢他们的指导和教育，没有他们的辛勤付出，就没有我今天的成绩。

想念8班的孩子

昨晚梦见了罗琪、唐雨霏、王博洋、邢霄、刘双城等一些8班的孩子回学校，梦中印象特别深的是感觉罗琪瘦了也高了，我还问罗琪是不是长个儿了？罗琪说是长个儿了，现在净高163cm。原来上清华还能长高啊，那我们的岳忱应该也长个儿了。

今天早上看手机，收到了邱大帝的短信，放寒假回北京了，要来学校看我。怪不得会做这个梦啊。日有所思，夜有所梦嘛，我真想念他们。

师生情是亲情，是友情

都说越是学习成绩好的学生，离开学校后就越容易忘记老师，很少回来看望老师。我竟遇上了8班这些爱师念情的好学生，幸运、幸福。记得当年入学时，有同学说给8班的班级qq群起个名字叫“49匹狼”（48名学生+班主任），我说我们一个都不能少。今天，我的承诺阶段性地实现了。我们还有十年、二十年、三十年一个都不能少的师生情，不了情。毕业一年来，我们的师生情谊丝毫没有因为星移斗转而消逝。

回响

学生、家长眼中的高杰老师

在2012年5月25日的毕业典礼上，高老师的衣着让我的思绪一下回到了三年前的第一个小班家长会。当时，高老师还有丝丝学生气，青春靓丽、活力四射，虽说是老师，但更像孩子们的大姐姐，自然而然地在家长和学生的心里多了份亲切感。

——张雅淇家长

8班不同于2012届中的任何一个班的原因之一就是我们班有一道独特的晚自习风景线。在高考冲刺的最后阶段，高老师每天会坐在教室的最后和大家一起自习，这并非是一种监督，因为即使是之前高老师从未参加的日子里，自习的秩序也绝对是有条不紊的。所谓一起自习，更多的是在为同学们加油鼓劲，让大家知道无论何时老师都是与大家同在的。并且因为参加自习高老师必须放弃大量照顾自己孩子的时间，所以所有同学必然不会辜负老师的一片心意。

——邢霄

高中体育会考时有男同学1000米测试很吃力，高老师毅然穿着高跟鞋跑上跑道领跑；这对我儿子来说是一种震撼和感动。他常说我们高老师可能教学经验不是最丰富的，但她是真心爱我们的。

——陈智鹏家长

记得孩子在高二时随学校合唱团去欧洲进行访问演出，耽误了一周的课程，回来后班主任高杰老师主动放弃了休息时间给他补课，后来我才知道，那段时间，高老师年幼的儿子得了肺炎连续几天高烧不退，在儿童医院住院打吊针，但她从没因此请过一天假，每天不管多晚也要给学生补完课才赶到医院去陪护。作为母亲，谁忍心把孩子一个人放在医院输液，身边却没人照看，但是作为四中高三实验班的班主任，她把母爱更多地给了她的学生们。

——马川家长

在过去的三年中，高老师把数不清的时间和精力都花在了学生们身上，把他们都当成了自己的孩子关注、培养和教育，我们做家长的都自愧不如！8班的孩子善良、乐观、隐忍、积极向上，正如高老师所期望的，她的学生成为了这样的人：冷静理智，但不乏热情；真诚宽容，但不失原则；自信认真，但是谦虚不自负。高老师身上永远淡淡地散发着正能量、责任心和人格魅力。让我们大家都喜欢她，即使孩子毕业了，我还是希望跟她做朋友！

——岳鸣涛母亲

冯天一的成功源于她的努力和坚持，更是高老师始终如一地不放弃、不抛弃的结果。如果没有高老师几年来真心真诚真爱的付出，天一不可能坚持到今天；如果没有高老师当年的厚爱和坚持，天一连高一都读不下来；如果没有高老师对我的鼓励和支撑，母亲挺不住倒下了，孩子不可能在跌倒的地方爬起来继续前行。因为高老师，我结识了四中众多向我和孩子伸出援助之手的老师们。高老师以70后的年龄支撑了我这个50后的母亲。她这个年龄不太可能接触过“大家”，但她以自己的行为靠近了“大师”。作为同行，高杰老师是我为师的榜样。在她身上，我见识了四中人的境界，感受到了大爱之美。在她凝聚的8班里，我更珍视过去，看好未来。

——冯天一母亲

第 2 章

勤而得法
是通向成功的唯一捷径

高中三年，多好的学生都得拼。优秀生最值得我们学习的有两件事，一是掌握了好的学习方法，二是严格按照学习规划执行到极致。我们一定会遇到许多困难，最重要的是要有坚定的意志、乐观的精神和永不放弃的行动。

1. 在梦想和现实之间有样东西叫奋斗

文 / 邱雨嘉

我是邱雨嘉，曾担任8班宣传委员，现就读于美国宾夕法尼亚大学沃顿商学院，主修金融和精算双学位。高中时期担任了宣传委员，背了一堆英语单词，奋斗了高考，谈了恋爱，交了一辈子的好朋友，但也从未爬上过教学楼的屋顶数星星，这是一辈子的遗憾。性格开朗又固执。

寄语：你不可以放弃，你不可以不努力！

每当我不知道应不应该做这件事或因前途荆棘太多而退缩时，我总会这样问自己：如果不做，以后会不会后悔。等我变成八十岁的老人，老眼昏花地坐在壁炉边，会不会很可惜没有去试一下。也许就是那么一瞬间的坚持，一切都会不一样。

我从来没有想过自己可以这样的努力。这种很纯粹的努力是在高中毕业之后的人生里很难找到的。我相信每个经历过高中三年的人，回头再看看这些年，一定是会钦佩自己当初的纯粹和毅力的。

因为选择了出国，而同时也想参加高考，所以我的高中生活自然比很多人忙碌了很多。我每天都是5：00从床上爬起来的。你必须起来。必须！你想实现自己的梦想吗？想。那好，你必须起来。5：00起床是实现梦想的第一步。于是高中最忙碌的生活开始了。背单词，看英文小说，做SAT模考题，练听力，练写作，上课听讲，下课复习笔记，完成作业，画板报，组织乒乓球比赛，所有的事情都同时发生在了我的生活里。

那真是一段疯狂的岁月。不得不强迫自己早早起床开始背单词，在马桶上坐着的时候手里都是单词书。在学校里嘈杂的环境，那些边边角角的空余时间里背单词，其他相对比较安静的时间里集中精力读英文小说做阅读题。上课的时候真是前所未有的集中注意力，因为我知道，没有多余的时间再来复习这些，只有回家的路上可以背一遍当天的笔记。不过还好，四中的作业不是很多，每天有那么半个小时一个小时也就搞定了。我发现，只要集中注意力，无论再少的时间，都是够用的。周围总有同学说我是学霸啊。是，我现在也觉得我当时就是一个永远不知疲倦的机器。

但其实，奋斗的日子也并没有那么痛苦的吧。灰色的学习要学傻了的，岁月里还是有那么些明亮的色彩的。我记得曾经很文艺地和雷坏坏趴在窗户上看花，或是看绿油油的草地，或是看楼下漂亮老师的漂亮衣服。那么几分钟几秒钟的片刻的放松，点缀在背单词的痛苦回忆里，被无限地放大美化，以致现在想想，乃人生一大幸事。

还有那漂亮的小桥流水人家，一模二模每次考完必去的地方。不论你是把干脆面很有爱心地撒给池塘里的鱼儿，还是特别具有探险精神地掀开木板想象着某个有关地洞的神话，又或者只是在有点硌的石头上坐一坐，感觉都是超级好的吧。

记得以前听过这样一段广播：

“每当我不知道应不应该做这件事时或因为前途荆棘太多而犹豫退缩时，我总会这样问自己：‘如果不做，以后会不会后悔。等我变成八十岁的老人，老眼昏花地坐在壁炉边，会不会很可惜没有去试一下。也许就是那么一瞬间的坚持，一切都会不一样。’”

当时听了特感动。似乎像轻轻地让自己心里的那根弦拨动了一下，以至于一直记到今日。所以，每当累得精疲力竭时，每当被吓得要后退时，我都会问自己：如果不做，以后会不会后悔，会不会不甘心？俄国诗人说过这样一句话吧，在梦和现实之间有一样东西，你猜它是什么？

这是芝加哥大学的作文题。我想了很久很久，直到某天晚上，看着书桌上SAT OG，Princeton，Kaplan，Barron，GRE红宝书，Norton Reader，王后雄，五三，指导和测试，还有白花花的卷子们……我突然想明白了。梦和现实中间的那个东西，大概就叫作奋斗吧。

高中三年的奋斗还是给我的人生留下了很多不能磨灭的气质，比如不怕累、不服输、敢于挑战，我相信这是与我在四中一起奋斗过高中三年的同学们的共性。也许我们不需要再把这些应用在学习上，但是这些会伴随着我们走很远很远。我始终相信，现在吃的苦都是值得的。趁着年轻，不拼一下，怎么可以呢。也许我们是费了很多不必要的力气，最后达到了和别人同样的结果。但是请不要吝惜自己的力气。你不知道自己到底应该努力到什么程度才能完成自己的梦想。所以，你必须尽自己最大的努力，不可以偷懒，不可以放弃。

2. 那一年，我们高三

文 / 王博洋

我是王博洋，曾担任8班班长，现就读于北京大学光华管理学院。我爱打篮球，爱奔跑，爱唱歌，爱电影，爱读书……从四中走出来，才知道在这个社会上如果有些东西你不坚持就真的没有人也坚持，我们依然要心怀宽容地去面对。回首，展望四中，是我永不抵终点的箭矢。

寄语：坚持你所坚持的，心怀宽容地面对现实，勇于担当。

如果说我今后的人生会绚烂多彩，其中一部分，自应感谢高三这一年的纯白。它给我充实，让我在今后的人生路上，问心无愧。

那一年我们高三。

回头看看高三的日子似乎没有那么苦和累，然而过后甜蜜的感觉是源于曾经努力过，如果时光倒退，我还能感受到当年的焦虑或者喜悦。

8月，图书馆自习室。高三的感觉已经很真切，每个人手下是暑假作业或王后雄或五三或竞赛习题。传说中的高三开学第一次考试让有些人紧张，也有一些人始终放得很轻松。有些人去了清华北大夏令营又回来，讲述着提前感受到的大学气氛。

9月，开学考试。我记得我考完就去了实验室，一边准备着学代会的召开，一边准备着已经考虑着是否放弃的物理竞赛。在自习室的日子像是在世外桃源，我不时抽出时间回班听一两节较为重要的课。脱离高三的节奏让我感到一丝担忧——课堂上大家已经在奋笔疾书，各科开始了将持续一年的总复习。英语换了老师，高三的安排井井有条，语法阅读完型写作轮流来，大家做阅读的速度似乎总是很快，我总是被落下。

10月，月考。语文和英语依然是我们班的弱势，我记得考试总结时一些人紧皱的眉头。我们做了足够的训练，我们本来应该可以做到的，也许只是不是现在。竞赛结束，大家都投入期中考试的复习，这次考试对自主招生的校荐资格具有重要意义。那一阵的晚自习很安静，每个人都有自己的目标。期中之后，自主招生，校长实名推荐，港大校荐纷至沓来。于我个人而言，之前的月考由于一直在搞竞赛所以考得很砸，而期中考试是我最后的机会。我不是一个意念很清晰的人，我很容易走神，很容易因为即将发生的事情而感到某种担忧。然而那段时间，我记得很清楚，我不知道从哪里获得了一股力量，一股只向前看的力量，一种对于现实无比清晰的认识——最后半个月，要么埋头再看一页书，要么就不要再做梦。

也许很多人和我想法一样。课间，同学们抓紧时间找老师答疑，自习时大量地刷题、背书、看讲义。时间过得很快，期中考试越来越近了。

紧接着期中考后的那个周末，我来到自习室。依然，人满为患。涛哥看见我来，抬头对我一笑，低头继续看着手底下的生物五三。只要终点还没有到，我们就都还在继续奔跑

11月，各种名单都已确定，我们分头在各自的路上向着目标前行。然而晚自习的浮躁却成为了一段时间的主旋律。与其说是浮躁，不如

说是人正常天性的体现，毕竟在高三的节奏中束缚了三个月之久。然而作为班长，我还是更严苛地对大家提出了建议，希望晚自习开始前的大段时间也可以安静。之后的几天，晚自习前，班里静得地上掉根针都可以听见，只剩笔尖划在纸上的沙沙声。

这个月，我们加上了周末统练。周末早上，同学们坐在座位上，一边最后看几眼复习内容，一边吃着手中的面包。

期末，第一次全区大排名。语文也开始留字词、阅读卷子，英语的讲义到期末已经攒到了足以撑爆我文件夹的厚度，理化生的讲义被我们用来参考、查阅，数学卷子上的大题旁边记满了红笔写下的批注。“你们到后来就会变得更适应，”老师这样讲，“经过多次的考试和练习后，你们不会再觉得考试是件多么大的事情，包括高考。心态会变得平常。”虽然学习生活相对枯燥了一点，但是同学们之间还是会和谐地相互“吹捧”，或以“大牛”相称，每个人都在鼓励着别人，又在暗自自我鼓励。没有哪个人是习惯的强者，每个人的价值都在爆发着，每个人的状态都在向巅峰迈进。

期末考完，我们班的成绩不错，语文和英语的弱势有了很大的改观。

考完之后的那几天，还没有放假，老师讲完试卷，我有点累，趴在桌子上睡了一会觉，再抬头，看到前后左右的人已经开始在做寒假作业。

第二学期真的过得太快，从一模、二模马上就到了高考。刚开始时，理综的出现曾让我们有些不适应。到后来，一次次调整策略，反思改进，针对训练，使得我们的理综答题能力终于得到了提升。我记得那个傍晚的楼道，外面是如火如荼的高二足球联赛，我和双城、爱西在楼道里交谈，我才知道原来所有人都会那么迷茫，都会不知所措，都会有低谷，都会用尽各种方法在调整。卷子上鲜红的减分不只有一个人在承受。

物理厉老师那天上课说，大家看窗外。礼堂楼外墙上，由上而下地镌刻着“勤奋、严谨、民主、开拓”的校训。“大家高一的时候在低层楼，看窗外可以看到民主、开拓，而到了高三，我们在顶层，大家看窗外，我们看到的就是——勤奋。”一语出，满座惊，是因为这话的精辟与犀利。高老师那阵一直陪着我们上晚自习，坐在教室后面办公，课间走过来和大家聊天。李哥（李伟老师）又穿起了他夏天那件短袖白衬衫，在黑板上画着椭圆和双曲线；陈月艳老师偶尔给我们读一两篇她在森林里研究生物有所感时写下的美妙的散文……晚自习下了，宿舍党借着夜色在办公楼下面的乒乓球台玩耍，还有人上三晚，我骑车回到家，妈妈端上一晚热粥给我喝。

高三，是亲人朋友的陪伴。

4月一模，我们考的并不理想。年级会上老师说是因为之前做的训练不够，各科刚刚进行完专题复习，还没有来得及做几套综合题练练手就直接上了一模考场。我感觉自己的状态很不好，做题的时候飘飘然。一模分数砸下来之后的那阵子很压抑，第一次有一种“扛着走”的感觉。要扛下来，继续做应该做的事情，不要灰心。考试从某种程度上让我们成长，每个人重新低下头去做一道题，做一篇完型，或者背一篇课文的时候，都是他重新扛着当下站起来的时候。当然学校老师们也开始调整，带我们开始了一定密度的综合训练，帮我们找回应有的状态。

二模题容易，分数都飘了起来。我每天下午两个半小时做一套理综，一遍遍地训练。仿佛越到最后，人们也越发轻松，后黑板上的倒计时牌上的数字一天天变小。最后一课，老师们都不再讲课，而是和同学笑谈着，珍惜最后的时光。犹记得黄老师那句“达而不纵，穷且益坚”，总是在我迷茫时给我前行的力量。

毕业那天大家忙碌着收拾东西，我让欧阳到黑板上写下四个大字——8班加油。

6月7号，我们昂首迈进了高考考场。

8号上午，我因为精力不集中而涂错了一道理综选择题。这个荒唐错误的意义并不在于它本身，而在于它在一年的辛苦过后，清醒地教会我：我的精力在关键时刻没有强大到足以控制我的头脑的程度。人永远不可能达到完美。而此前在我的世界观里一直认为完美是存在的。如同命运的捉弄，当你自大到认为你的能力足以左右一切，当你以为完美触手可及，上帝会在某个角落让你以你从未跌倒过的方式让你跌倒以补偿你的成功。一道题的失误不能决定什么，但透过表象本身，我的心灵受到极大地震动。人的主观能动性的局限，残缺的真实和完美的不可及，使我在高考后的那一晚，忽然感到前路瞬间被铺平。如果说高三教会了我什么，这大概是最珍贵的一课。于是我笑了，没有失误的悲观和落寞，这样的错误让我叫好，让我欣慰。

对于我个人而言，高三的痛苦或许不在于学习的难度。事实上这个应该是信手拈来的事情。真正的痛苦在于我在不断地与自己的内心争斗，起先频率很低，到后来几近折磨人的程度。我变得极其敏感，高一高二时留下的事情也会在高三时在内心爆发。后来跟人聊起来，发现其实每个人都无法做到闭关修行一样的学习。太多的羁绊和牵挂，太多的触目惊心，我们都学会在极短时间内调整自己，重新投入学习。

高三像一杯满满的白开水，毫无味道但你得一口口地喝，在这种纯白中一点点地目睹时间的流逝。它是充实的。如果说我今后的人生会绚烂多彩，其中一部分，自应感谢高三这一年的纯白。它给我充实，让我在今后的人生路上，问心无愧。

3. 如何面对挫折、伤痛和失败

文 / 匿　名

四中于我，永远留下两个景色：一是玉兰花。无论你是成是败，是欢是悲，它都为你而开，特别是为败者而开。这种一视同仁的博大，是四中真正的美。而玉兰花先结果后开花，它的繁花盛开，不为结果，只为开而开，故能至纯至净，至善至美。壮士建功立业，岂不亦当如此！二是从教学楼而下，经空中长廊，至科技楼而上，可便览四中美景。唯有一步一个台阶，方能自高处从容而下；唯有一步一个台阶，方能自平地而复起，又至高楼之上。

在高二下学期之前，我在四中的生活学习是分外顺利的。我拿过年级第一，只有一次大考没有进入年级前十；我同时还是四中物理竞赛小组的主力，所有大型比赛都是四中前两名，并且在高二便进入北京集训队旁听；我在班里也有自己的死党。

然而我在高二下学期的一次足球课上让右臂受伤了。这次受伤导致我不得不进入医院接受治疗，导致我整个高二下学期无法使用右手。

其实肉体上的折磨是次要的，尽管我曾在一开始难以入眠；但是逐渐也便习惯了，而且我一向不在意自己的外形，胳膊上多几道疤，缝了几十针也没什么。但是内心上的折磨，却让我近乎崩溃。

首先是对整个大环境的质疑。我在医院里看到的一切，让我怀疑这世上究竟有没有善良的神，有没有公平的天道：遭遇车祸全身骨折的孩子，被机床压扁了手的外地务工青年，全身烧伤的花季少年等等，不忍一一列举，我也列举不完。可怕的并不是呻吟或者抱怨，而是那些病人在沉默中的绝望眼神，让我无法忘记。原来神话中的炼狱，在人间便有原型；原来地狱里的刑罚，在人间早已有人遭受。在生活的现实面前，当时幼稚的我却一时无法接受。

其次是在四中地位的变化。我曾经为自己的竞赛课内两不误而大感骄傲，在班内和年级亦有名声，平时做事亦不乏高调之举。然而整整三个月我都要拖着一只打着石膏的胳膊，一切琐事几乎都要人照顾，不得不从竞赛小组中退出，课内成绩也一落千丈，被年级组长表扬的理由也变成了身残志坚。

突然的受伤，几乎让我前功尽弃，这时的落差是非常惨痛的：我本来自居专业随便挑，仅仅忧心港大能不能给我奖学金，然而突然就开始发现自己连清华北大上不上得了都需要考量。而我自身有着好斗的性格缺点，居然花费了相当大的精力，去追查当时和我相撞的男生是否有恶意。若不是班主任高杰老师智慧尽职，年级组长刘银老师英明神武，那个男生善良宽容，我在肉体、学业、政治上应该是要全面溃败了。

我一直后悔去找那个与我相撞的男生，向他了解到底是怎么回事。首先，我面对的首要问题是如何恢复，如何减小我的损失，而不是去找人泄火。我并不缺钱，并不需要赔偿，找他理论除了撒气是没有任何好处的，白白浪费了我伤后宝贵的精力，真的是因小失大。其次，即便他伤我是故意的（事后证明是不可能的），我这么做亦是毫无城府的表现，只会让已处于最弱状态的我处境更糟。幸好那个男生与我坦诚地聊了聊，我立刻对他有所愧疚，表达了我的歉意，不应错怪好人并自觉欠了高老师和刘老师一份恩德。之后在高三我也尽力去还了这份恩情。

我在冷静之后进行了反思，特别是思考了我性格上的缺点：

我过去过分的敏感，导致做事耗神多而没有重点。期中期末再重要，终不及高考；平时竞赛再重要，绝不及高三事关保送的联赛。我过分在意小处上的风光，因而失去了对全局的把握。现在看来，我当时竟然在每场足球赛中拼命，实际正是我一贯风格的体现。而我在摔倒后顾及面子直接用右手去撑地，更是死要面子活受罪的实体表现。

我的语文老师黄老师在我伤后传了我《庄子》中的话，实在对我极其有益：

“鹏之徙于南冥也，水击三千里，抟扶摇而上者九万里，去以六月息者也。”

这世间立大功业的人，都是厚积而薄发的。化鲲为鹏，需要积蓄，亦须时机，更需远大的志向和崇高的境界。这四个要素我一点也没有，终日追求的尽是细枝末节，终日与人斗强拼狠，我竟然还没有覆灭，难道不是老天的眷顾吗？难道不是用小打击来让我开悟吗？

内心的苦闷需要外物来排解。免修体育课的我每节体育课都在校园里赏风景。四中于我，永远留下两个景色：

一是玉兰花。无论你是成是败，是欢是悲，它都为你而开，特别是为败者而开。这种一视同仁的博大，是四中真正的美。

而玉兰花先结果后开花，它的繁花盛开，不为结果，只为开而开，故能至纯至净，至善至美。壮士建功立业，岂不亦当如此！

二是从教学楼而下，经空中长廊，至科技楼而上，可便览四中美景。唯有一步一个台阶，方能自高处从容而下；唯有一步一个台阶，方能自平地而复起，又至高楼之上。

我非常感谢有高老师和黄老师帮助我，让我重新认识了世界，让我重新振作。

高老师不知道花费了多少时间给我消解心结，不知道花了多少心力为我忙前跑后，我只恨手不能动而无以报答恩德。高老师的言传身教，领袖风范，以及她结合自己人生经历所传给我的体悟，让我终身受益。

而黄老师则听我给自己分析形势，制定策略，他再加以点拨。黄老师于我有雪中送炭之恩德，但是他高山景行，施恩而不求人报答，我至今也只能在心底里念他的好而无以相报。

我没有在医院里独自沉默而痛苦，是因为楚楠总是能陪在我身边，微笑着听我胡说八道来解忧，或者听我一脸严肃地描述痊愈后的计划。我的康复是有曲折的，说好的三周，变成了两个月，三个月，四个月。但是楚楠一直耐心地听我说没完没了的胡话，正如他安慰我这似乎永远不会动的右手终会痊愈。他总是能挤出时间来帮我。四中人都是高傲的，但他帮我做了那么多我可能不乐意为别人做的事，我真的是无以为报。当我最虚弱的时候，在校园里走着都有摇晃之感，但楚楠如果能与我一起同行，我脸上便还能保持往日的狂气。他的性子比我沉稳，看问题也比我有耐心，总是能说破我肤浅的错觉，也支持我正确的想法。很多难关没有他我根本挺不过来。

智鹏思维活跃，做事比我灵活，我常常不放心他天马行空的做事方式。但是他的右手亦受过伤，他亦会左手写字，于是每次考试都陪我一起用左手考试，是他让我能在短短时间学会了用左手写字，让我有勇气用左手坚持学习。他的性子随便一些，我常与其嬉笑怒骂，若说最终能够内心平衡，真心多亏了智鹏。他总是要骂出我的混账之处，不骂不休。受伤后我心态有些失衡，在外吃饭只吃卫生等级为A级的餐厅，只吃一种我确认没毛病的菜，楚楠和智鹏竟然每次都愿意陪我一起去吃，直到高考结束。我在高考前霸气外露，气场过分强势，唯有智鹏不受半分影响，直至高考前都和我一起学习。

爱西是我认识的最为温柔贤惠的姑娘，是我最好的异性朋友。我那时连大衣都披不上，是她替我理好衣服，扣好扣子，替我收好书包，把笔记借给我。她非常宽容，我曾经在她面前胡说八道，她也不甚在意；她直率地指出我不能以受伤为理由，纵容自己全方位的溃败，让我无比感动。

小白是个比我聪明得多的人，他亦有着古人的风骨与热肠。我一只手不便，他总能帮我，出行则要护我的断臂，做事也往往知我不便，施以援手。他和我坦荡相交，无论我是得意还是落魄；他说话切中要害而条理极明，为人慷慨而守信。

亭姐是我的嫡系，跟我是六年的同学。掌管值日的她，同意楚楠的要求，把我的值日全部取消。她是刀子嘴豆腐心，心里信任我，嘴上对我要杀要剐，实则护着我这个故旧。

唐姐是个非常温柔善良的人，她在我回来那天在黑板上打出了欢迎横幅，我亦记得她借我的笔记。她在高三尽职尽责，为8班语文事业做出逆天贡献，始终帮助我这个二货学委。

甚至还有一位不知名的看门老妈妈，因为我见她礼貌，当年做值日生的时候愿意帮她忙，对她平等相待，她与我成为了朋友，在我受伤期间对我直接放行不查门卡，天天对我嘘寒问暖。此事我印象极深，我现在每次回四中都会去看她，她亦记得住我的名字。

我发现，我要热爱的东西，远比要恨的东西多得多。

一个人，再厉害也做不成什么事。只有一群人相互依靠，才能成事。

从受伤那天起便开始训练左手写字，乃至用一只左手完成一切事情。按医生的话说，正常人有一只功能手和一只辅助手，而我硬生生地把一只辅助手训练成了一只加强版的功能手；我学会了用左手写字，用一只左手吃饭，出行，穿衣等等。可以说我最关键的一步，便是开发了左手；我用左手坚持了课内的学习，使得我的最差排名不过是年级60名，这在极大程度上保护了一个在高考制度下生存的学生，为日后右手恢复后的生活做好了铺垫。也许老天心疼我了。最后我的右手达到了医生预计的最好状态：在功能上完全恢复。尽管治疗、康复训练比较曲折，从功能上来说最后的结局是我拥有了一只正常的功能手和一只加强版的功能手。

高三前暑假，右手恢复写字能力。

开学初，获得省级竞赛一等奖。

11月，获得港大校荐。

12月，获得北大保送，保送法学院。

放弃保送换取自招加分。

高考，放弃港大录取。

进入一志愿北大数学院，获北大新生奖学金。

4. 保送后我选择继续参加高考

文／张　霄

我是张霄，曾担任8班副班长，现就读于北京大学物理学院。我是一个比较喜欢玩和参加各种活动的人，平时NBA看得最多，对其中的众多球队、球星都很了解，尤其是科老大。我自己也非常喜欢打球，刚一上大学就参加了院篮球队，在各种比赛里也是有所发挥。另外，对于动漫，dota，三国杀，狼人游戏等都非常热衷，其中动漫为最爱。

寄语：追求卓越，成就梦想，你需要脚踏实地的努力。

在学校集体复习看似跟自己在家自由复习没什么区别，但最后几天的集体复习却成为了我们成功的关键。毕竟，大家在一起才能互相排疑解惑，共同促进。

经过两年的积累以及高二暑假的突击，我有幸在高三一开学进行的物理全国联赛中发挥出色，得到了保送北大物理学院的资格。成为了一名保送生，也就意味着升学的重任已经完成，另外物理竞赛的相关事宜也在11月基本完结，那么接下来究竟何去何从，对当时的我来说是个值得认真思考的问题。

保送后的选择

经过对学长、老师的咨询，我了解到保送生的高三基本上有三种选择。

首先是直接回家自由安排时间，既不参加高考也不上课。这可以说是一个最轻松的选项，然而之后10个多月的自由时间意义却不是很大。这种情况多见于一些外省市有政策规定保送生不得参加高考，而学校又怕保送生不高考会影响班里同学，也不让保送生继续上课，所以只得待在家里。

此外是去大学提前上课。这可以说是一个对后续发展十分有利的方法，提前掌握大学知识可以赢在起跑线上，然而代价是高中知识并没有打牢，和高中同学也少了一年的相处时间。

还有就是继续高考，这一项虽然复习之前的知识十分繁琐，但是却能将基础知识掌握牢固，同时回应老师的期待，因为老师其实也或多或少期待着保送生能够提高班里平均成绩，甚至是带动大家前进。另外最重要的一点是不会导致只和那么多要好的同学相处了两年就要分道扬镳。

当时的我其实也没有想很多，最主要想的就是能和同学再相处一年，毕竟高中的同学不是暂时的朋友，很有可能就是一生的挚友。同时班主任高老师也希望我能留在班里。所以，我选择了备战高考。

没有目标，一事无成

当时选择留在班里的时候我自己并没有抱着多么高的理想和期待，虽然答应了高老师我要继续参加高考，但也就是答应而已。刚开始的时候，我并没有想着去如何高考夺标，提高班内成绩，甚至是带动大家向前冲，这似乎和老师的期待相去甚远。当时的我仅仅是把高考看成是和我自己有关的事情，既然它已经不能让我更上一层楼了，那么我不论做什么也都无所谓了，与其刻苦耕耘，不如每天随心所欲就行。

于是上课随便听，笔记看心情写，作业草草了事，放学后更是一头扎进了球场和电脑前。当时我的状态和班里已经形成了鲜明的对比。上课时的专注程度明显不同，学习楷模刘双城等人自是不必说，班里其他人也都认真地用双色笔记下要点。放学后，一大批同学直奔自习室，另一批人留在教室安静自习，我每每想要拉我的好哥们儿们出去打球，他们却都一一拒绝，埋头扎进了学习的海洋，只有班中极聪明的邢霄同学由于不用怎么学都能稳居前列，因此常跟我出去打球。久而久之，漏洞可以说是越积攒越多，再加上我当时本就无欲无求不思进取，学习上更是慢慢沉沦下去，把高中前两年所学的基础挥霍一空之后，我在接下来的几次考试只有每况愈下的结果。

触底反弹

终于，在第二学期的开学考试，我考出了高中以来的最低。这终于让我回过了神来，而高老师也看不下去我继续不思进取了，于是找我约谈了一次。谈话中，我发现原来高老师对我的期望还是很高的，她相信我的实力完全可以给班级增色，同时也相信我的努力一定会带动周围同学更进一步。

我仔细想来，的确，在学校里浑浑噩噩确实轻松，但这无异于浪费时间和生命，有这样大块的时间，我本可以将高中的基础再次加固，而如今却是一事无成。此外，我自己虽然升学无忧，但是周围的同学还承受着很大的压力。我这样一个保送生在他们身边天天不务正业，他们也多少会受一些影响，像离我很近的崔颢和王泽，也渐渐在我的影响下有些浮躁和焦虑，如果因为我的关系让我的同学失利，那我绝对会自责不已。

所以说，于己于人，我都要将高考重新看待，作为当前的第一大事用心准备，这样高中的最后几个月我才能过得问心无愧。

共同奋斗

下定决心之后，我的每一天都开始变得充实起来。当时我们班里整体学习氛围是相当不错的，尤其是一到课间，讲台前总围满了问问题的学生，这学期我也加入了进去。坐在我附近的同学本不是很爱提问，但既然有人上前提问，慢慢地我们这边也形成了提问的氛围。老师在时，大家就抓紧提问，解决疑难，其他时间，我们也会互相解答，共同促进。

此外，大家学习也是更加地自觉。中午和下午，我们互相总会拉着两三个同学去自习室。我也时不时拉着前座的王泽，旁边的王宇驰一起学习，希望能在自己提高的同时也能督促周围的人多学一会儿。到了周末，高三的学生自然也是不能闲着。我与和我家很近的张鹏光同学常常结伴而行，到东城图书馆自习，一学就是两整天。值得一提的是，张鹏光本来十分爱玩，他都能够放弃整个周末而奋斗，足见我们整个班级学习氛围之浓。渐渐地，我们8班找到了自己的节奏，不断提高，我和我周围的崔颢、王泽也在一二模考试中取得高分。势头非常不错。

最后冲刺

高三的下半学期虽然很累，但由于每天的生活十分类似，因此整个学期怎一个“快”字了得，转瞬间就到了高考前的自由复习时间。其实这个时候，历来都有不少人认为成败已经注定，此时的复习也不过是锦上添花抑或是杯水车薪。然而在我看来，越到最后越是关键。

显然高老师也是这个观点，她召集我们班大部分同学来到四中的专用教室进行集体复习。在学校集体复习看似跟自己在家自由复习没什么区别，但最后几天的集体复习却成为了我们成功的关键。毕竟，大家在一起才能互相排疑解惑，共同促进。而作为保送生的我，这次也是决定一定不要荒废掉这最后的几天，毕竟周而复始地学习了许久之后，我也想获得一个不错的回报。同时也是希望能和我共同奋战许久的伙伴一起做最后的冲刺。

于是，高考顺利地结束了。大多数人从考场走出来都挂着笑容。而结果果真不错，全班最终有将近20多人上了清北以及港科大，一志愿率也是达到九成以上。而我也是亡羊补牢为时未晚，经过后半程的努力，同样裸分再次达到了北大的标准。

如今虽然已过去了许久，但我觉得作为保送生，我选择了高考是十分正确的。我所加固的高中知识为大学打好了基础，老师对我的期待我也很好地达成了。相信我与同学共同的奋斗历程将是我在多年后仍旧非常难忘的一段经历。

5. 一路荆棘与精彩的竞赛加分之路

文 / 张 霄

一路上，我们收获的不仅仅是冲破终点的喜悦，更重要的是这一路的酸甜苦辣。踏遍青山人未老，风景这边独好。相信几十年后重新想起这一段经历，它必将是我们人生中一段最为美好的回忆。

从小学到初中，竞赛对我们来说可以说是一片迷茫，也许我们报了些奥数班，也许我们随便参加了个希望杯得了个三等奖。但报这些班，上这些课，我们没有任何的目标，没有对于那一、二、三等奖的追求，也许跟随社会的大潮才是我们最初接触到竞赛的原因。

然而，到了高中，竞赛对我们的意义骤然增加。当我们了解到竞赛成绩与高考加分挂钩之时，几乎所有人都红了眼，一窝蜂地扎向了各科竞赛小组之中。当时在我眼中,20分的加分对于任何一个四中人来说，都足以确保你梦想的实现。于是，抱着这如此功利性的目的，我也同众人一样踏上了高中的竞赛之路。然而事实证明，这条路并不平坦，而且遍地布满了荆棘。

首先我选择的是数学竞赛，然而，在数学小组选拔考试中我却碰壁而被挤出门外。那时的我对于其他科目的竞赛知之甚少，但就在我迷惘之时，我碰到了正准备去报名物理竞赛的王博洋。王博洋在竞赛科目上的选择可谓十分坚定，因为他早已了解到四中历届的竞赛成绩都是物理最为突出，听了他一番周密的分析后，我似乎也重获新生般坚定了自己的决心，没错！就去物理竞赛！

报名物理竞赛的同学同样很多，只不过它的门槛没有数学那么高，没有残酷的选拔考试，只是依靠开学考试成绩将报名的我们分成了A1、A2两班。我很幸运地进入了A1班。同时，在选修课上，我也很庆幸自己进入了物理竞赛实验选修。虽然这个实验选修在后来被证明是极其枯燥乏味的，但当时不知实情的我依然欣喜不已，于是我决定要把握好这两次难得的机会，将物理竞赛学到底。

实验选修课先于竞赛课开始，老师按班级学号给我们安排了座位。我的同桌是刘双城，那是我第一次和他说话。从短短的话语中我便能感受到那种强者的自信以及那种踏实严谨的态度，我想，竞赛路上跟着他走一定没错。

之后，第一节竞赛课开始了，汤老师没有讲课，而是让我们用一个小时做一张力的合成与分解的练习卷子。力的合成分解在课堂上还没有讲过，但对于刘双城、王博洋等大牛来说早已运用自如了。汤老师发完卷子临出班门的时候问了大家一句："卷子上的内容虽然没讲过，但大家都会吧？"以双儿为首的一众强人齐声喊"会！"，于是汤哥会心一笑，离开了教室（可能去打球了），留下了刚刚沉默而现在不知所措的我，盯着完全不会做的题目苦苦思索。想啊想，想啊想，然而不会的内容再怎么想也是徒劳，只见旁边的双儿挥动手中的笔，劲头十足，而且速度飞快，不一会儿他就把左半页"刷"完了。为了掩饰我一道都不会，我也装模作样地在每道题写写画画之后，转向了右半页的题目。一个多小时过去了，我已经急得面红耳赤，这时，坐在我旁边的双儿、王博洋、戴维做完了题已经捺不住寂寞开始对题了，看着王博洋兴致勃勃地说着答案，我只得望"洋"兴叹，并且保持着沉默。回家后不禁感慨着，唉，没办法，强手如林，这就是四中。

于是接下来的一段时间，我把竞赛视为和课内同等重要的地位去学习。效果果然不错，在几次竞赛考试中，虽然仍被双儿落下了十万八千里，但基本还算可以。而之后在小组的珠三角队内选拔考试中，我也万分幸运地因为一位入选队员退出，而以最后一名成功挤进了前十名单。汤老师给我们几个开会的时候，只见坐在前边的以宁鸿烈为首的10班同学气势汹汹，霸气十足，在后边的三个9班男生虽略显随意，但一举一动透露出强者之气，7班的李旭亮是我的初中同学，知根知底，他那强大的实力我早已领略一番，而我们班的双儿、王博洋更是无需赘言了。好吧，既来之则安之，受虐看来是不可避免的了。

寒假中的珠三角之行，是我第一次“因公”外出北京，因此感觉良好。期间，我还认识了其他班的几个同学，这可以说是我此行的一大收获。在宾馆大厅中与新认识的同学说说笑笑之时，只见人大附中的团队气宇轩昂地走了进来，之后十一中学的队伍也紧随其后，我们议论道，人大附中看来铁定在我们之上了，但十一学校嘛，连听都没听过，必然成不了我们的威胁，我们于是扬扬自得。之后的考试，我彻底沦为了打酱油的，果断在十个人中以垫底收场，不过这早已是预料当中的事情，我也就没觉得有什么关系。之后的颁奖仪式上发生的事情却令我们大吃一惊，只见台上领导宣读道：“高一基础试，全国第一名，北京十一学校姜勇；团体总分第一，北京十一学校。”这！我们所有人立时自惭形秽。这次珠三角之行不仅让我们领略到了全国实力之强，也让我们找到了一个难以望其项背的强敌，而且这个强敌就在我们身边。

回到北京之后，第二天早上就是新学期的返校了。不得不提的是，物理竞赛使得假期安排得满满当当，从放假第一天开始就是连续整整

15天的竞赛大课，刚被汤哥深奥的语言弄得晕晕乎乎，马上又被珠三角比赛打了一闷棍，而回来之后又是新学期的连轴转。要不是高一下学期还有些历史课的精彩和地理课上的为所欲为，我们就算是铁人也是绝计扛不住的。

下半学期，竞赛小组两个班已经合并为了一个班，换句话说，竞赛小组的成员已经退出了一半。我们刚开始没觉得什么，一切照常。但高一那次力学竞赛过后，我们得到了一等奖的几个同学依旧认为前景光明，然而一些成绩不佳的同学选择了退出。一时间，人数又有了大幅的削减。这时，我才意识到，竞赛之路其实是一条不断选择的道路，选择坚持或是离开。

高一暑假没有什么特别的，我终于得以好好休息了一把。开学之后，精力充沛的我果然取得了不错的成果，一鼓作气在竞赛路上冲到了前列。在又一次的珠三角选拔考试中，我得以再度入选，而且名次好看了好多，只不过领军人双儿依旧独领风骚，多年的同学李旭亮以及关系不错的老宁也是高高在上。不过，这次选拔考试的良好发挥足以让我对接下来的珠三角有所期待。

也许正是应了这句老话，站得越高，摔得越狠；期望越大，失望越大。时隔一年再次来到珠三角的赛场深圳中学，我却并没有一雪前耻，而是继续沉沦。成绩出来后，我们队总共有五名一等奖获得者，而作为二等奖第一的我也深深感受到了比上不足比下有余所带来的尴尬。

第二学期一开学，又退出了不少同学，竞赛小组只剩下了20人。这个学期竞赛负担骤然增加，因为汤哥和我们都知道，这是冲击高联一等奖的最后阶段，只有一等奖才能拿到加分。同时，这个学期又是很多之前松散的同学觉醒的一学期，所有人都知道要好好学了，因此课内成绩上的竞争更是异常激烈。双线作战弄得我精疲力竭，然而期中考试过后，课内成绩停滞不前，竞赛方面又没有明显建树。那时的我无疑进入了一个深渊。此后的一两天，又有两名外班同学退出了，我们班几个学竞赛的同学心理上也都有很大的波动，就连刚考了年级第二的王博洋也跟我提起了退出竞赛的事，之前我是不论如何也不会想到退出会发生在我的身上，然而它就是发生了。那一个夜晚，我痛苦到了极点，因为我需要做出一个艰难的割舍，割舍掉我奋斗至今的物理竞赛，我给汤哥通了电话。汤哥极力挽留，然而不仅是我，我的家长也为我身体着想，和汤哥说明了他们的想法，汤哥无奈了，让我明天找他。之后我和双儿通了电话，双儿在那时也陷入了困境，然而他却依然很坚强地撑了下来，他告诉我，竞赛一路走来，我们收获的不应只是那最后的结果，还有我们一起奋斗的过程，想想我们共同为一道难题争论得你死我活，想想我们与汤哥共同坚持到大年三十的下午，想想我们在珠三角进考场前互相鼓励的场景，这些才是我们真正的财富。双儿感动的话语勾起了我的回忆，这些回忆也令我难以抑制般地潸然泪下，这已经是我不知几年来没有体验过的感觉了，那么要哭就把所有的压抑与辛酸全部释放出来吧！

第二天，汤哥一进教室就对我们说："昨天，我经历了一个痛苦的夜晚，彻夜未眠。"我知道这都是我造成的，我很愧疚，知道老师在为我感到惋惜。课间操上，高老师得知了消息，急急慌慌地问我为什么要放弃，我无言以对，中午，汤老师找我谈了话，我很愧疚，稍稍回心转意；之后，厉老师把我单独叫进了二物，他的话依旧是那么语重心长，具体的我已记不太清楚，但是那一句"做什么事都要善始善终"却像是具有着无穷的力量一般，撞击着我的内心深处。谢过厉老师后，我思考了良久，最终我得出结论：这条路我还要继续走完，无论最后结果如何，我都能接受。

于是到了暑假，最后的时机。如经过了一次生死抉择一样，我在之后的竞赛之路上走得异常坚定。暑假里，我孤注一掷般除了上汤哥前后一个月的课之外，还报了汤哥推荐的程稼夫老师讲座，其余时间将课内作业糊弄完之后，便全身心投入了竞赛的学习之中。相反，刘双城、王博洋却选择了课内的道路，同样投入了全部的精力。

高三开学考试，他们俩都取得了年级前十的成绩，同时竞赛的初赛也轻松过关。而我，开学考试大崩盘还可以理解，但竞赛初赛我却因完全不在状态而被卡在了门外，好在初赛并不重要，汤哥也给了我一张外卡可以顺利参加具有决定性意义的复赛。这突如其来意想不到的失败似乎对我没有什么太大的影响，毕竟当时选择了继续，就要将这条路走到底。于是，接下来复试之前的三周是我有史以来最为投入的三周，没有之一。我当时也没有想什么别的，只是想我不该因为偷懒而导致竞赛最后一次考试的失败，这样会让我很遗憾的。于是我睁了眼竞赛，闭了眼竞赛，在学校竞赛，回到家里还是竞赛。这20天里，多亏了双儿的帮助和鼓励，让我能够坚持下来，多亏了王博洋因公西装革履重装上阵让我们眼前一亮，放松了我们的神经，多亏了曾哥在考前两天仍泰然处之，并且看漫画书哈哈大笑活跃了紧张的氛围（曾哥也真是心态好），多亏了宇驰的“考前目刷试题大法”，让我们惊叹原来还有这么一种超级学习方法，不过这种方法只适用于宇驰这种天才，不适用于凡人。

终于，到了考前一天，离开学校前，我和双儿不约而同地拥抱了一下，因为明天我们要面对的，是决定我们命运的大事。走到门口，看见邱明昊跟我逗着玩，并给我鼓励，我也非常欣慰。在地铁上突然看见人人上一条“中微子超光速的”消息，心想，明天要是考相对论我们还用不用答了？回家依旧正常学到了晚上睡觉。

第二天，到了十一学校，没有见到我们班的同学，只在我考场里见到了气势恢宏的宁鸿烈，他在最后时刻对我竖起大拇指的鼓励令我更加充满了信心。考前10分钟，我突然发现我的桌子一碰就晃，我可不想考试时候这么别扭，于是想尽办法拿东西垫在桌脚处。然而试了良久后，发现只有我的U盘正合适。3个小时的考试转瞬即逝，兴奋的我开始与宁鸿烈兴致勃勃地对着答案，我们一起争论着走下了楼梯，留下了之前被我垫在桌脚下后来又被我完全遗忘了的U盘。跟了我这么久的U盘就这么着被我丢了，唉，真是……

之后的事情就都清楚了，我和双儿晋级了实验考试，我超越了我之前的目标获得了功利上的奖励，但在决赛场上打了一圈酱油。双儿获得了自己的加分，对他的高考也很有帮助。

终于，在我们几个人的齐心协力下，我们在竞赛之路上披荆斩棘，走到了最后的终点。一路上，我们收获的不仅仅是冲破终点的喜悦，更重要的是这一路的酸甜苦辣。踏遍青山人未老，风景这边独好。相信几十年后重新想起这一段经历，它必将是我们人生中一段最为美好的回忆。

6. 如何选择竞赛科目与处理课赛平衡

文 / 罗　琪　刘双城

我是罗琪，曾担任2012届8班宣传委员，现就读于清华大学生命学院，专业方向为药学。我喜欢引人深思的动漫、电影和书籍，从虚幻的血泪和真实的痛楚中窥见关于人心的一些细节。喜欢生物类的专业书，感觉比微积分或是大学物理亲切得多。最近虽然很少有时间，偶尔也能得空画一幅素描，涂几笔彩铅，以及写一篇意识流淌的日志，感觉像是回到了从前某个安闲的假日午后。

寄语：漫漫长路，不忘初衷。求我所爱，爱我所得。心怀广远，愿效于世。

学习一门竞赛可能要三年之久，甚至更多，但它毕竟也是漫漫求索之路上的一小步。迈好这一小步诚然重要，不选择竞赛也未尝不可。未来的路有千百种可能性，愿一门恰当的竞赛，能给你留下可以微笑着回想的记忆。

作为一个靠生物竞赛获得了清华保送资格并进入生命学院的人，我对生物竞赛的感情是很深厚的。最初选择时，我没有迷茫；有人退出时，我没有动摇；期中考试与复赛赶到一起时，我在两边都取得了不错的成绩；选择专业时，我基于兴趣选择了药学（前2.5年属于生命学院）；到现在大学已经过去一年，我仍在它的基础上继续延伸专业知识。

在大学里，我惊讶地发现，选择生物类专业的有很多数学、物理省级一等奖获得者。显然，在微积分、大学物理等公共基础课上，我们这些没有学过相应竞赛的人只能被虐了；但在普通生物学、生物化学等专业基础课上，学过生物竞赛就是一项很大的优势了。

在高考的竞赛加分已经取消的现在，选择一门竞赛，已不再是获取保送的手段，其在升学考试中的意义也一般，更多的是为今后的学习做准备。公共课毕竟是少数，把时间精力投入到更贴近专业的方向上去，是比较划算的。

就我所知，对于生物竞赛，有几种比较普遍的看法。

第一种认为它“没用”，只有数理化不好的人才学生物。我认为这是一个思维误区。的确，和数理化竞赛相比，生物竞赛对逻辑思维、解题方法的要求不高，更多的是在背书；但掌握艰深的思维、巧妙的解法并不是我们学习的目的。如果你有志于生物、医学、药学等专业，这门竞赛对你的专业学习将有很大帮助，因为专业课同样依赖于记忆，而竞赛知识就是专业课的基础。例如《陈阅增普通生物学》，其精炼、易懂的内容，是生物类课程的基础。又由于它是“普通生物学”这门课的教材，生物竞赛的同学基本不用下功夫，就可以在普生考试中取得高分了。

第二种认为它“困难”，那么多本书根本背不下来。我认为这个看法是有助于选择专业的。如果你害怕背书，那么生物、医学就不太适合你了。实际上，竞赛的难度比起生物类专业课要低得多，主要要求的是知识面的广度，而不是深度，况且选择题还可以蒙；而专业课不仅知识要深得多，考卷上的英文简答题也不能靠蒙了。竞赛是了解相关专业的绝佳途径，通过一段时间的学习，我便发现自己还比较适合生物相关的专业，因此选专业也变得很简单了。

第三种认为它“好玩”，可以学到新奇的知识，还可以动手做解剖实验。这或许不是太严肃的看法，但拥有这种看法，正是竞赛对你真正起到帮助作用的先决条件。就像有人从解数学题中获得纯粹的快乐一样，这种对生物知识和实验的兴趣是学好生物相关专业的最大保障。如果拿着解剖刀就恶心头晕，将来怎样应对实验课呢？而如果对解剖实验很感兴趣，医学类专业一定会让你满足。

对我而言，从高一伊始就学习的生物竞赛，伴随着我几乎全部的高中时代。永远也背不清的生化那几个循环，繁多的植物名称和花程式，怎么也理不出头绪的蛔虫子宫和输卵管；一摞质感温和的厚书，一群尽职尽责的老师，一群一起捉蚯蚓、数雄蕊、“晒翅膀”的可爱同学……到现在，翻看着专业书，我依然能想起当时的情景。片刻美好的回忆，亦是无价。

学习一门竞赛可能要三年之久，甚至更多，但它毕竟也是漫漫求索之路上的一小步。迈好这一小步诚然重要，不选择竞赛也未尝不可。未来的路有千百种可能性，愿一门恰当的竞赛，能给你留下可以微笑着回想的记忆。

我是刘双城，曾担任8班学习委员，现就读于北京大学数学学院。很庆幸在四中收获了一段快乐时光。我深深地眷恋这里的一草一木，我清晰地记得和好友们在这里度过的一分一秒。我喜欢夕阳照在操场上的温暖，六边形教室在星空下的静谧，国学讲堂在盛夏里的清新。我热爱我的老师们和朋友们，热爱他们教给我的道德、智慧与力量。四中，一直在激励我做一位优秀的人。

寄语：爱吾所爱，无怨无悔。

把最重要的事放在前头做，避免本末倒置。给每件事规划所将要耗费的时间。同时要记住老师的讲解才是真正的知识脉络，课后的学习应是对其的深化。在课前作适当的预习，上课跟住节奏，课上能记住的，就在课上记住。

我想说一下我是如何努力协调竞赛与课内学习的。

在上学期，我不止一次地因为处理不好竞赛和课内学习，而把自己逼到了绝境。可以说在开学初期，我对高中学习与物理竞赛的难度，存在着极大的低估。有时为了一道竞赛题，我常常耗费一个多小时，耽误了其他事的进度。有时熬到很晚，却连作业都没有写完。

因此我采取了以下三个策略：

其一，努力进行时间规划。我每天都会明确自己今天要干的事，以及所能支配的时间。我把最重要的事放在前头做，避免本末倒置。我还给每件事规划所将要耗费的时间，一旦超时就做下一件事，最后反过头来完成那些难题。曾有一个管理大师提出过一个公式：天资乘投入乘方法等于成果。再好的计划，如果没法完成，也不会起到任何效果。也许坚持，才是完成时间规划最重要的要素。

其二，提高课堂的利用效率。高中学习与初中相比，作业不多，但难度不小。想考好我们很自然地便会找参考书来做。但这样一来又易陷入题海战术，忽略了对概念的理解，起不到很好的效果；往往还要耽误睡眠时间，休息不好，反而导致上课效率降低。事实上，老师的讲解才是真正的知识脉络，课后的学习应是对其的深化。我会在课前作适当的预习，上课跟住节奏，课上能记住的，就在课上记住。即使有细节问题也先记在一边，了解了整个知识结构后，再把小漏洞补上。课后，我把最主要的学习时间放在对知识的回顾与总结，对例题的温习和对错题的改正上。参考书的功能，不过是让我了解一下不同的题型，做一些习题来提高熟练程度而已。

其三，锻炼身体绝顶重要。高中的学习强度大，如果身体不好就会极大地影响正常的学习。学习是持久的，健康是一切的基础。上学期，我和几个好友一起坚持了长跑和力量锻炼，这极大地缓解了学习上的压力，学习效率也有了很大提高，更增进了友谊。

在四中，我从周围的人身上得到了太多太多，老师的教诲与鼓励让我坚持前行，同窗的欢声笑语化解了我的孤独与寂寞。生活在这样的班集体中，我感到十分幸运。每一个四中人内心都有属于自己的梦想。我们每一个人，就算遇到再大的困难，也决不能轻言放弃。希望大家通过自己的努力，都能一步步接近自己的梦想。

7. 失利后的反思：专注、独立思考、持之以恒

文 / 莫　寒

我是莫寒，现在就读于香港理工大学商学院，专业是全球供应链管理。我平时喜爱听音乐、读书、做体育活动。

昔日四中的课堂上老师们的妙语连珠帮助我们启迪智慧、开拓思维，使我们的想法远超出了书本的范围。同学之间相互借鉴切磋、谈天论地，经常能擦出奇妙的火花，并肩作战使得我们共同进步。

如今身在香港，虽然感受着完全不同的文化及学习氛围，我依旧怀念四中校园内的点点滴滴，依旧闻得见彼时课桌上的淡淡墨香。

寄语：尽情释放青春的激情和活力，因为我们年轻。

专注的心情加投入的思考加不懈的努力，等于不一样的明天。学习不能靠突击，要循序渐进，好方法持之以恒才能有好结果。

高二上学期期中考试的成绩让我有些不知所措，所有科都没有达到预想的效果。在这个关键的时刻出现这么严重的问题真的是很可怕，原本以为可以突破高一那几次不痛不痒的考分，可这次真的不得不好好反思一下了。

反思得出我前一段时间的学习状态和学习方法都存在着很大的问题。

我想到了自己从这学期开始就一直有很多事情导致分心，从游

学总结，到集中在一起的课前演讲，再到运动会，我似乎太想做到事事完美了，以至于把过多的时间花在了那些次要的事上，而疏忽了最最重要的学习。充足的学习时间都没有保证，还谈什么好成绩？差劲的学习状态是导致我期中考试全线低迷的重要原因。其实，别的事都只是用来给自己添彩的，如果学不好，其他那些都没有用。所以，我应该做到专注，保证充足的学习时间是基础。

与此同时，这次考试也暴露了我学习方法上的问题。

第一，我忘记了学习是不能靠突击的，要循序渐进，好方法持之以恒才能有好效果。复习、预习、上课集中注意力听讲、有问题及时问，这些我小学就懂的学习方法，现在却还要再次重复，只因为我没有做到。觉得简单的东西就不复习了，事实上到第二天就忘记了许多，尤其是一些细节的知识点；觉得没有时间就不预习了，导致上课跟不上老师的思路，也注意不到究竟哪个地方是自己需要重点听、理解的，使课堂效率大打折扣。

因此我暗下决心，在一天课程结束后，要留出固定的时间以保证做好复习、预习。上下午的课，人容易倦怠，我就没做到全神贯注，想来都惭愧，这是一个学生应做到的最基本的事，生物考砸的原因大概就在于此，现在看来，那让我痛心的成绩也似乎是罪有应得；每次考完试的反思，总要写“及时解决不懂的问题”，可写完后自己真的做到了吗？问过别人的问题，真的搞懂了吗？还是只要问过了就行，求个心理安慰，这真是对自己极不负责任的表现。学探诊做完了打个问号就不管了，直到考试前复习才拿出来问别人，其实已经留下许多漏洞了。有问题搁着应该是一件非常让人难受的事，绝不能让它就这么过去了。还有，做选择题时要多想点，不能仅满足于选出正确答案，要彻底搞清其他选项的错因，这才算把一道题真正搞明白了。

第二，我太想当然了，抱有一些错误的观念。首先，我误解了“坚持”的含义，以为埋头苦干，每天熬到一点多，把一本王后雄看完就叫坚持，事实上，这叫蛮干。突击的做法很少带给人幸运。每个人的精力都是一定的，聪明的人会使巧劲，而不是傻傻地做一些费力不讨好的事。其次，我以为上课不用好好听，课后也能补回来，事实上我高估了自己的智商和身体。忽略上课时学习效率的重要性是致命的。

第三，我想对知识我了解的有些粗浅，以为自己都懂了，事实上还差得远，光把老师上课告诉我们的东西记住是远远不够的。因此考试时，一遇到稍有深度的题，我就会摸不着头脑，尤其在理科方面。高中阶段，知识都难了，就更要注重锻炼我们的独立思考能力。我应该像那些爱提问题的同学学习，勤思考，这样可以帮助自己把知识理解得更透彻，绝没有坏处。要在数理化成绩上有更大的突破，这个问题是务必要解决的。

这次考试反映出我平时用脑袋想的东西还是太少，人区别于其他动物的地方不就是可以用大脑思考吗？什么事情都琢磨琢磨，体会体会，语文阅读大概也不用愁了吧！

再通过具体科目来说说。

理化就不说了，认真学，多思考，能力会提高的。

语文的问题就是课外阅读，我已经安排每周特定的时间来多读点好文章，语文素养的提升是需要积累的。

英语，我应该把它发展成为我的绝对优势科目。自从到了B班，我的成绩一直比较稳定，基本能上A班平均分，但我还希望自己有更大的进步，要向A班英语学得最好的同学看齐。

数学，我的成绩容易不稳定，但我对自己还是比较有信心的，因为喜欢，就更没有理由学不好了。也是要多思考，做题要找到得心应手的感觉才对。

生物，因为没有重视，导致严重拉了我的后腿。以后绝对不能松懈了，要坚持好的方法，边学边摸索，再不断改进。我可能不属于对新知识很快就能适应的人，但也绝不属于最差的。

不管怎么说，又一次举足轻重的考试结束了。我悔恨自己为什么没有早一点醒悟，过去耽误的时间永远不会再回来了。同样是一天，别人的一天，很充实地度过了，而我的一天却是虚度的，差距就是这么拉开的吧。希望我现在开始改变、真正向正确的方向努力还不算晚，至少我坚信一点，别人可以做到的，我也一定可以做到，甚至做得更好。

专注的心情加投入的思考加不懈的努力，等于不一样的明天。

8. 做好计划并坚决执行就成功了大半

文 / 唐雨霏

我是唐雨霏，现就读于清华大学建筑学院建筑系。我性格开朗为人直率。小时候曾因“就业”压力学习了多门技艺，但现已因时间久远丢掉许多，只剩书画和古筝略懂皮毛。爱好十分广泛，口味比较奇葩。读书基本照单全收，文艺科普都有涉及；音乐偏好欧美小众摇滚；英剧美剧每周必追，还喜欢脑残没情节的美式科幻英雄片……

寄语：珍惜高中生活的每一位老师和朋友，我爱你们！

一个好计划的意义应该包含两部分——你能高效地完成它，且完成它之后有一定效果或帮助。或许如今我早已不记得当初一份成功计划的详细条目，但是我能回想起来的是那种每天都能完成的满足与平静。

我似乎从来没有过较长远的且十分具体的目标，比如当年我从来没早早规划过我大学要上哪个、以后要干什么。我时常设定的是一些很切合实际的、触手可及的目标，制定短时期内的计划，比如这次考试要考到大概多少名，这个假期要读完多少本书。

相信每个人都经历过制定计划但是实施结果极差的学习阶段，想要做到切实有效地完成计划其实都是需要时间来磨炼的……我也曾经学习过那些学霸们的学习经验，但我发现有时候计划这种东西还得要自己摸索。

我常见到的学霸都有着非常明确且长远的目标，比如某大学某系，然后他们就会为此不懈地努力直到达成这个目标。但我发现这样的目标对我来说不太适合。我无法正确地估量出我所能达到的水平，所以总感觉实际完成的情况缩水了一大圈。我曾经把问题都归结于自己的执行力太差、控制能力太弱，无法把目光从闲杂娱乐转移到学业上。但后来当我再回头看时，我发现我的计划同样有问题。要么就是太过长远结果刚开了个头就不想继续下去了，要么就是超出了我的忍耐限度导致我执行的过程中就觉得坚持不下去了。

事实上，一个好的计划的意义应该包含两部分——你能高效地完成它，且完成它之后有一定效果或帮助。所以，你所需要的不仅仅是强大的意志力抑或是坚定的决心，你同样需要制定一个有帮助的并且能让你完成的计划。这个过程就像做一张披萨，它不是你满脑子“我一定要做一张好吃有营养的披萨”的念头就能成功的，它需要好的原料、趁手的工具以及有营养的搭配等等。

举个简单的例子，在高三上学期，一整个学期各种月考大考我的数学都没上过年级平均分，在寒假里我决定恶补数学。首先需要了解自己的水平、问题、缺陷。我当时的最大问题就是前面的选填部分每次都至少错四个，这就是问题的核心。同时要对自己的完成力有一个大致的规划。我知道我并不是一个十分勤奋的人，而且我的耐性不强。所以我不会选择几天之内攻克选填这部分，而是拉长战线每天坚持一套，同时保持对试卷其他部分的练习。在一系列自我了解的基础上制定一个可以有效实施的计划同样不可或缺，披萨的馅料和做菜人的手艺一样重要，或许这一点是很多人都忽略了的地方。

同时，还有很重要的一点就是学会反思。相信每个人都经历过或正在经历一种糟糕的状态——计划无法实施。这会让你每个晚上都后悔不已但是第二天计划依然完成不了，导致陷入悔恨越来越深但是却依然没有成效的死循环。我解决这个死循环的办法简单而且十分粗暴，和解开那些死结的办法差不多——快刀斩乱麻，重新来过吧。一剪子下去什么都不是问题了，把没完成的任务按照剩余时间重新安排一下重新洗牌，当然如果拖延症作祟很有可能不到最后几天绝不死心……归根结底还是你的计划有问题。如果你是个拖延症患者那么请你找个行之有效的法子逼迫自己完成任务，否则就是你的计划太松出了问题。但是，时间安排得过紧导致信心缺乏，内容过多不切实际，计划缺乏变化使人疲惫等等这些也都可能是坏了粥的老鼠屎，而解决它们的办法就是不断反思你的计划，反思你为什么执行力度不够、问题出在哪里，并且在下一次制定计划时考虑这些问题并采取措施。

如今，我早已不记得当初一份成功的计划包含的详细条目，但是我能回想起来的是那种每天都能完成的满足与平静。或许会有问题带到第二天，但那绝不会带来计划未完成的慌张。因为它们是我按照自己的能力、问题设定的短期的目标性强的计划，并得到了高效且有成效的实施。这也告诉了我计划这东西因人而异，你可以借鉴他山之石，但是归根结底还是要靠自己去摸索你最适合什么。我发现了自己更适合什么，因此就这么做了，并且取得了成效，这也许是我所能介绍的最重要且有效的经验了。

9. 学习如逆水行舟：高二整年学习计划

文 / 王倬榕　欧阳德念

我是王倬榕，现就读于北京大学医学部临床专业。

我喜欢独处思考，独自工作时效率最高。每当看到一些非常NB的人做了一些或很多NB的事儿，在我看来是一种激励或是刺激，有时可以让我郁闷上一段时间想着我为什么做不了，郁闷过后就是更加地努力了。毕业以后，我爱上了吉他和魔术，练会一个魔术或一首曲子也能让我颇有成就感。

寄语：即使经历了挫折和创伤，也要勇敢地舔舐伤口，坚定地前行！

“逆水行舟，不进则退。”在高二下学期同学们都玩了命学习，我也深切感受到不能再浑浑噩噩地过了，我也要拼了命地学。

高二下学期我决定执行如下计划和做出以下改变：

开始预习。预习可以加强课堂笔记的针对性，改变学习的被动局面。要在浏览教材的总体内容后再细读，理清了解的内容并把不明白的内容标记下来，同时做一些课前的习题练习，逐步了解知识点。

重视听课。保持课内精力旺盛，头脑清醒是学好知识的前提。要集中注意力，克服走神等，用理智强制自己专心听讲，靠意志来排除干扰。认真观察，积极思考。要充分调动自己的积极性紧跟老师的思路，对老师的讲解积极思考，对于结论有自己的观察推理会比听现成的结果理解得更透彻。在听老师讲公式定理时，充分理解掌握解题方法和思路。抓住老师讲课的重点，注意老师反复强调的部分。

做好课堂笔记。要有选择地记笔记，并记录典型题。注意和老师进行课上和课下的提问式交流。

加强复习和作业。完成作业的过程可以查缺补漏，重要性不言而喻。及时复习，可以加深和巩固对学习内容的理解，学过即习方为及时。我对复习的要求如下：

1）课后及时回忆。

2）精读教材、整理笔记，勾画重点、难点和疑点，并寻求帮助。

3）看参考书，增加知识的深度广度，提高应考能力。

另外经过一个阶段的学习，要进行单元复习。包括：a）单元的知识结构，b）单元的基本思想与方法（用典型题加以体现），c）自我反思，对本单元自己做错的典型题有所记录和总结，记录单元有价值的思想方法和易错点。

小结："逆水行舟，不进则退。"在高二下学期同学们都玩了命地学习，我深切感受到我不能再浑浑噩噩地过了。我也要拼了命地学，我计划这学期我要针对语文、英语这些头号的弱项开刀。好在学期刚开始，补救和发奋都不晚，改进一些学习方法，大大增加学习时间和提高效率都势在必行。恒心是最重要的，但我相信只要不满足于现状就会有恒心！

我是欧阳德念，在高一高二时担任8班副班长，高三担任卫生委员。曾是爱心社的宣传负责人，学常会的副会长。在高中时期成绩一直是心病，万幸遇到了一位非常非常好的班主任，我才能考上适合自己的大学，现在做自己想做爱做的事情。

我是文艺青年，好吃青年，运动青年。现在就读于香港城市大学创意媒体学院，日后可能从事动画、电影、摄像等工作。我个人爱好非常多。最喜欢的当属五岁学习至今的书法，众多书体中，最喜欢的是魏碑中的爨宝子。绘画、摄影、看电影也名列我的众多爱好之中。

寄语：珍惜时光，执着追求！期待下一站春暖花开时，我们依旧青春飞扬！

对自己有信心，相信自己的能力，一定没有问题。

高二学期学习规划

一、目前存在的问题

1. 学习热情不高
2. 学习效率欠佳
3. 做题量差很多
4. 目标感不明确
5. 没有掌握方法

二、阶段规划

（一）期中之前

1. 理科里主要精力放在数学上，期中的时候达到A班的平均分。每周末也要花些时间给原来的知识补漏洞。长远目标：期末到A班。最好能上140。

2. 英语每天要做一篇阅读，每天做一套单选，早晨5：30开始背单词（酌情定，或者背语文，然后在路上看英语）。英语目标上130。

3. 各科上课必须专注，晚上不再开夜车，一定保证上课的精神头。

4. 各科的错题总结要跟上，一周一总结，不要等到要交作业的时候才为写作业而整理错题。

5. 生物这个学期背的东西比较多，发挥优势，在上半个学期之内生物一定要上去！上课以记为主，不能光记笔记！目标是上平均分，成为自己的优势。

6. 语文背诵默写在平时早自习的时候多过一过，在考试之前尽量腾出时间给理科。

7. 物理和化学的内容都是新的，我可以学好的！提前预习，及时复习，直面自己的问题，并且尽快解决。

8. 研学越早完越好。

（二）期中之后

1. 数学继续加强，目标上140。

2. 主攻物理，让自己不再畏惧物理的选择题！大题掌握基本的套路就可以答对，但是，选择题是自己的病根！并且要及时复习总结，为期末全区统考做准备。

3. 在修学游之前开始进行总复习。

4. 政治要统考，提前开始看考试说明。

5. 其他看期中考试成绩再作变更。

三、基本要求

1. 一周每科至少问3个问题，问老师和同学都可以，让自己对学习充满热情。

2. 利用自己的地理优势，多学学其他人怎么学习的（赵倞同很踏实、很会抓时间，刘双城对自己的规划非常全面……）

3. 中午1：00必须出现在自习室，如有特殊情况，每周也只许有一次例外。

4. 晚自习之前的时间只能学习，去自习室还是留在班里视情况而定。

5. 早5：30起床，开始背书。

6. 晚上11：00上床，马上睡觉。

对自己有信心，相信自己的能力，一定没有问题。

10. 我们都是学霸范儿：高考冲刺阶段时间安排

文 / 白林禹　邱雨嘉

我是白林禹，现就读于清华大学电子工程系。我的爱好是长跑、乒乓球、中国象棋。高中阶段最难忘的经历是高二在细雨中跑一万米，高三10月份几乎自行组织地去镇江上课，大一和舍友熬夜编程连续月余。

寄语：希望我的付出对得起大好青春。

养成时间规划的好习惯，节奏和感觉会越来越好。

这个作息时间，前几天试了试，还算能忍。

1月27日—2月3日

5：30　起床

5：30—6：15　读英语

6：15—6：45　洗漱，吃早饭

6：45　出发，到四中图书馆学习，约18：30到家

19：00—19：30　晚饭

19：40—22：30　可能是做寒假作业，可能是其他自主安排的学习任务

22：30—22：40　洗漱，调整状态

22：40　开始做一套数学或理综高考题，做完睡觉

2月4日——开学

5：30　起床

5：30—6：15　读英语

6：15—6：45　洗漱，吃早饭

6：45　出发，到四中图书馆学习，上到11：30。在学校附近解决午饭，约13：40到家

13：50—16：00　复习总结上学期各科知识点

16：20—18：30　重点弥补各科的薄弱环节

18：30—19：00　锻炼

晚饭后至21：00　继续弥补“欠账”

21：20—22：30　阅读

22：30—22：40　洗漱，调整状态

22：40　开始做模拟题，做完睡觉

邱雨嘉高考冲刺阶段时间安排

> 我从来没有想过自己可以这样的努力。这种很纯粹的努力是在高中毕业之后的人生里很难找到的。

周一至周五时间安排

7：00—7：30　语文

12：50—13：30　数学

16：00—17：30　物理&语文

18：00—18：40　化学

18：40—20：00　化学&生物

20：20—21：20　总结上课笔记&完成老师留的作业

21：50—22：30　查邮箱，练听力

22：30—23：00　生物&英语

语文：

默写、字音字形、成语、病句、古文、文常

周一至周五 （45分钟）	默写1首古诗，1篇古文； 两页《五三》成语； 15分钟字音字形卷子或做一个校本教材中的文言小段练习。
周六周日 （1.5小时）	默写1首古诗，1篇古文； 两页《五三》成语； 一套天利28套语基； 字音字形卷子和病句。

数学：区里题，每天45分钟

英语：周一至周五：快捷英语，每天15分钟

周六周日：全国卷，每天45分钟

物理：

重做卷子：高三（上）7套统练题+1个电学综合练习，高三（上）早自习测试10套，14套讲义中的提高练习，理综练习

整理错题：6套周末练习，22个实验练习，高三（下）早自习测试8套，实验讲义

看书：共550页

周一至周五（70分钟）	20页书； 统练题或讲义中的提高练习或高三（上）早自习测试2套。
周六周日（3.5小时）	45页书； 讲义中的提高练习3套； 理综卷子或整理错题1h；

化学：

重做卷子：统练卷子3套，理综练习，高三（上）随堂练习16个

整理错题：高三（下）随堂练习7个，周末练习3个，元素及其化合物暑假作业4份

看书：共450页

周一至周五（70分钟）	20页书； 一套统练或理综或高三（上）随堂练习3个。
周六周日（3.5小时）	20页书； 理综； 化学大本； 整理错题1小时。

生物

重做卷子：5个单元测试，7套综合练习，3个高三（下）测试，理综知识点总结（18页）

周一至周五（1小时）	1套单元测试或1页知识点总结+1套理综。
周六周日（2小时）	1套综合练习； 1套理综； 知识点总结3页。

11. 北大是容不下一个俗人的

文 / 陈智鹏

我是陈智鹏，北京大学12级数院本科生，我觉得我应该属于比较开朗的那种，有我在的时候我的同学们都会觉得多了许多的欢乐。我会说相声，一个人说，一个人讲故事，好像自己的生命就在自己的相声里一样。我会打辩论，用逻辑和语言告诉别人一匹斑马既是黑马也是白马。如果用一个词形容我自己，我觉得我是恣肆的，我也希望自己一直都是这个样子的人。

寄语：乐群并坚持做自己！

人生来与众不同，而他自己一旦明白这一点，想要再平庸下去，恐怕他自己也不会愿意，他的头脑也不再甘心做普通的头脑。

每次同学们讨论起我的思维方式或者对问题的见解，大概会有一些这样的评价：不同、奇葩甚至乖张。

我自己说：我的目标是北大，北大是容不下一个俗人的。这句话可能说得太绝对了，但我自己确实是这样想的。我觉得一个人，一个有想法改变世界、有意愿进北大的人，都不应该是一个俗人；同时我认为，一个人只要不想成为俗人，就永远都不会。一个人若想与众不同，独一无二，我觉得是要先由内而外，再由外而内的。正如同不用葡萄的种子种不出葡萄，种出葡萄才有葡萄的种子，是同样的道理，这个过程是相互促进的。一个人要从内心认为自己不一样，才能时时刻刻做的不一样，时时刻刻做的不一样，才能坚定自己的内心。

大家都希望自己是一个正常的人，一个成功的，中规中矩的优秀的人，而不愿意去做所谓的奇葩，或者别人眼中的疯子。

要想不做一个俗人，首先就不能太功利化，学会取舍。就单单是语文的考试，我就做过许多与旁人不同的事情。例如在语文的考试中，总有一道叫作阅读理解的题目。我做了几次之后，每次都觉得匪夷所思，读不懂作者想要表达的意图。即使经过训练，努力推敲琢磨后，依然不见长进。后来我心想：反正我就是不理解了，我又何必如此执着，就把这种题目放弃了。一直到高考之前，语文阅读理解的题目，我就没有再好好做过一次。在旁人眼里，我相信这很难以理解：分数还有不要之理。可是我觉得，为了这区区几分，将一篇文章弄得支离破碎，难以理解，这分数还是不要的好。

其次，我一向认为做人要保持一颗童心，唯有一颗童心，才能看世界上的事情都是有趣的，活得才更轻松一些。唯因如此，我才会在课堂上说：要求三角形的面积，三角形的三个顶点坐标已知，那就可以算三个边长，之后就转化为已经解决过的问题了。如果不觉得这些事情是有趣的，是万万不会如此“胡闹”地解决问题的。

当把功利心和分数放下的时候，我觉得很自然地会把思路打开，执着于你感兴趣的那个部分。而这个时候，你只要心想，我与旁人不同，是能看出别人所看不出的东西的，你就真的能从不同于别人的角度来认识问题。我说了这么多，无非是想说高考制度下的年轻人，即使有着所谓与旁人的不同，也不过是别人带着脚铐走路的时候，我带着它跳舞。其实制度对于所有人都是一样的，制度无非也就是个制度。我还是觉得：人生来与众不同，而他自己一旦明白这一点，想要再平庸下去，恐怕他自己也不会愿意，他的头脑也不再甘心做普通的头脑。精英因此而出，虽然所谓的精英也许并不是越多越好。

12. 8班毕业生为高中学子加油

我是高健，曾担任8班体育委员，现就读于中国人民大学商学院工商管理类专业，是中国人民大学学生艺术团键盘乐团成员。

我兴趣爱好广泛，喜欢音乐、书法、运动等，其中手风琴达到十级优秀水平，在全国、北京市大赛中多次获奖，曾随北京市少年宫佰笛手风琴乐团赴法国、美国肯尼迪艺术中心和朝鲜万景台少年宫演出。

寄语：四中是一个纯净的地方，珍惜在四中的一点一滴，这里也是梦开始的地方，张开翅膀，勇敢去闯。

我是马新然，现就读于北京大学医学部临床医学系（八年制本博连读）。

我是一个情感丰富的人。我喜欢中国古典文化，喜欢化学。高中三年，我培养了广泛的兴趣，参加了很多不同领域的活动，比如话剧社、化学竞赛班以及科技创新活动。我在四中三年培养起来的自主学习能力、规划能力都帮助我在大学松散而缺乏管理的生活中游刃有余。

寄语：像疯子一样去梦想，像傻子一样去追逐，最后以平常心来等待结果。

我是邢霄，曾担任8班学习委员，现在就读于清华大学建筑学院城市规划专业。

我并不是一个全身心投入学习的人，我喜欢动漫、轻小说之类，对电脑游戏情有独钟，不论单机网游都有点涉猎。我最喜欢的运动是篮球，也很喜欢音乐，会弹一点吉他，也算是为自己沾染点文艺气息吧。我这个人也有点偏执，只要是自己认定的目标无论付出什么代价都会去实现。

寄语：找到一件想做的事，然后为它付出所有！

我是张爱西，曾担任 8班宣传委员，现就读于北京大学化学与分子工程学院。

我喜欢看看书（史铁生散文或者推理小说）、听听歌、看看电影或者在无聊时弹弹钢琴。我希望自己能一直乐观开朗下去！

寄语：相信有梦便追，年轻不要后悔！

我是冯天一，现在美国俄亥俄州凯斯西储大学（Case Western Reserve University）学习生物医药工程和认知科学。

这几年我走过很多地方，8班就是我多彩人生中的一个小小的驿站，模糊却难忘。

寄语：我真心希望我们每个人都能学会生活，好好地活着。

我是赵倞同，现在就读于美国哥伦比亚大学运筹系。

我的兴趣爱好有很多，比如旅游，打羽毛球，弹中阮等。高二的时候又要忙申请又要顾课内给了我很大压力，但现在想想这一切都是值得的。真的很感谢老师和同学们在那段时间给我的支持和鼓励，让那段时光成为了我最美好的回忆。

寄语：珍惜高中时光。

我是李卉，曾担任8班文艺委员，现在在美国韦尔斯利学院（Wellesley College）攻读经济和数学双学士学位，同时在麻省理工学院（MIT）的斯隆管理学院辅修金融课程。

我喜欢唱歌、弹琴、游泳、网球等，它们是我从小培养起来的爱好，现在我对现代爵士舞（体育选修课），西班牙语拉美文学和电影欣赏产生了浓厚的兴趣。

寄语：早做规划，果断选择，在课余时间积极地尝试和探索各种活动以丰富自己。

我是邹子圆，现就读于香港科技大学商学院，一年后成为经济与金融理学士。

四中的老师和同学大多都很有趣，在这里我认识了很多各种类型的善良而且独特的人。在一个可以给学生很多机会的学校，我既玩的开心，又学到了东西。感谢四中的三年让我学会了平和与从容。

寄语：不能浮躁，做自己喜欢的事，承受或享受我所经历的一切。

我是王宇驰，现就读于中国科学技术大学近代力学系。

我喜欢和同学一起打篮球，虽然不是很擅长，但总是积极参与。我还喜欢动漫，喜欢音乐，虽然都是很普通的爱好，但丰富着我的生活。高中三年是我人生的宝库，与老师和同学们共度的每一天是我永远的美好回忆。这些塑造出了现在的我，一个完整的我。

寄语：高中三年是最美好的时光，还可以允许犯错误，所以有的时候不那么成熟也没有关系，不要让自己的青春留下遗憾！

我是尹方亭，曾担任8班生活委员，现就读于中国人民大学中法学院金融系。

我曾经创造了被称为“8班值日是个筐，什么都能往里装”的值日制度。现在大学的学生会中任职，也是轮滑社的负责人。经过高中三年的生活学习，以及大学一年的体验，让我感触最深的便是：不要觉得你只是茫茫人海中平平凡凡、毫不起眼的一个，其实，每分每秒，你所付出的、你所经历的，都会让你变得与众不同。

寄语：不要觉得你只是茫茫人海中平平凡凡、毫不起眼的一个，其实，每分每秒，你所付出的、你所经历的，都会让你变得与众不同。

我是曾志，现就读于北京邮电大学电信工程专业。

说起高中三年的兴趣爱好，那就要属物理竞赛了。通过物理竞赛，我结识了各个班的好兄弟好朋友，大家伙课余时间一起遨游在物理的浩瀚的海洋之中，仰望璀璨的星空，脚踏坚实的土地，协力并进，同舟共济的美好日子令人留恋。

我是我们班为数不多的一志愿未上榜的一分子。不过我对这个专业还是比较感兴趣的，同时，8班考入理想大学的高中同学们也没有因此摆起架子，让我感到很是温暖。

寄语：仰望璀璨的星空，脚踏坚实的土地，协力并进，珍惜与同学们同舟共济的美好日子。

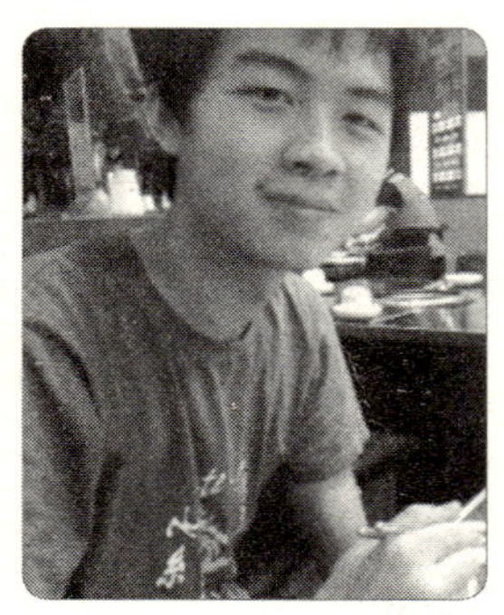

我是耿思桐，现就读于清华大学电机系。

我兴趣爱好多种多样，喜欢各类体育活动，如打篮球，踢足球。对于有创意、需要动脑的东西也有着很大的兴趣，喜欢玩魔方等玩具，爱看推理剧。在8班的三年，班主任高老师从不会因成绩区别对待学生。在我成绩较差，觉得自己能力有限的时候，老师却肯定了我的能力并对我做出了超过自己预期的预想，使我倍受鼓舞。同学们追求卓越的精神也无时无刻不在影响着我，渐渐地我明确了我想要追求的并付出相应的努力，最终收获了满意的结果。

寄语：明确自己想要追求的并付出相应的努力，最终会收获满意的结果。

我是雷阳雪，现就读于香港理工大学建筑及环境学院。

我庆幸能在四中相遇8班这个集体，能与这样一群可亲可爱的同学一起度过有趣而有意义的三年。在这里我经历了丰富多彩的高一高二，也享受了一起奋斗的高三时光；遇到了尽职尽责尽心尽力的老师们，也得到了值得珍视一生的朋友们。感谢四中教会我如何高效地充实自己，如何更好地待人处事。

寄语：高中师友将伴一生，悠悠三载，幸得四中。

我是杨伊童，曾担任8班宣传委员，现就读于北京外国语大学英语学院。

09年有幸加入8班结识了才华横溢的47位同学，后“弃理从文”，转入其他班级，然而却因过分的志同道合而至今无法割舍与8班同窗们的情谊。我喜欢肖邦的古典乐，对声乐、古筝、绘画略有涉猎。我性情乐观，爱好交谈却不善言辞；爱笑，在生活中是个笑点很低的人。坚信勤能补拙是良训。

寄语：不负追梦赤子心。

我是耿瑞琪，现就读于美国卡尔顿学院（Carleton College）。

我在8班度过了高一的学习生活，和崔颢一起担任英语课代表。在这个多元化的班级里，我找到了知心的朋友，发现了自己对文史哲学的兴趣。我现在正在探索物理、古典文学和戏剧表演。

寄语：随自己的意愿生活。

我是刘通，现就读于清华大学建筑系。

大一时担任建21班班长，得到同学的一致好评。同时我也加入了院学生会文艺部，协助组织舞会、学生节等活动，能为大家做点事情，我感到很幸福。我爱好广泛，尤其擅长游泳，至今已训练13年，这一年也为建院泳队做出了很大贡献。业余时间我也喜欢弹钢琴、拉小提琴、下围棋、摄影等各种活动。我的理想是成为一名优秀的建筑师。

寄语：三载岁月青春年华恒久远，祝百年名校母校桃李满人间。

我是谭乐辰，现就读于香港科技大学经济金融专业，辅修信息技术。

学习之余，我更喜欢心理分析和社会研究。同时我意识到一个人对语言的掌控能力深刻地影响了他对于命运的态度和改变命运的能力，因此无比迷恋牛B、真诚、直指人心的文字。

寄语：坚持就是胜利。

我是岳鸣涛，原8班体育委员，现就读于复旦大学软件工程专业，任复旦大学台球协会会长。

我高一高二任班长，顾拜旦奖获得者，曾获得校冬炼长跑前3名的优异成绩。我喜欢尝试新事物，对很多东西都有强烈的好奇心，愿意投入足够多的时间和精力，有时会忘我到耽误所谓的正事。人生是一场探险，希望我能始终保持探险家的精神。

寄语：享受生活。

我是臧成姝，现就读于对外经贸大学金融工程专业。

我平时比较喜欢各种手工活动，比如橡皮章热缩DIY手机壳等，同时也是个会拆电脑修手机的技术宅。爱做饭，厨艺还可以，当然也很爱好美食。特长算是音乐吧，唱歌钢琴古筝和电脑后期制作，两门乐器都不算是精通但很喜欢。

寄语：四中悠悠，百度春秋。于处三载，夫复何求。珍惜中学时光吧！

我是张雅淇，现就读于中国科学技术大学数学系。

我喜欢游泳、打羽毛球。我喜欢民乐，古琴九级，最喜欢古琴曲《潇湘水云》。珍惜中学时代吧，因为只有毕业了才会发现，那段单纯天真的岁月只能出现在梦里了。

寄语：珍惜高中的单纯岁月。

我是常元，曾担任8班组织委员，校学生会组织部长，现就读于美国莱斯大学（Rice University）学习心理和统计双专业。

我喜欢读书和旅行，去过很多地方，爬过很多山，梦想用目光丈量世界。我能够笑的话，不会哭。

寄语：选择自己感兴趣的事情，如果不能够，就努力对正在做的事情感兴趣，然后持之以恒地努力。

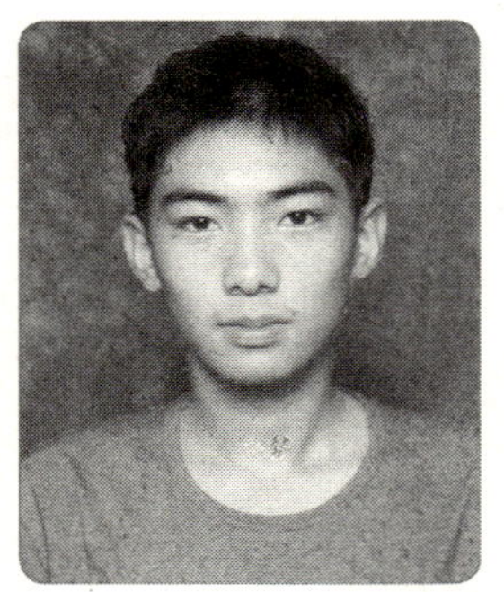

我是许子言，曾担任8班电教委员，现就读于北京大学信息科学技术学院智能科学系。

我性格开朗，高中时期擅长计算机技术。

爱好：绘画 书法 电影 旅行 飞行。

寄语：生活很美好，要开朗一点，开心一点。

我是李烨，现在就读于北京大学医学部基础医学院基础医学专业。

我就是一个性子直头脑简单的家伙，我喜欢生物、美术、戏剧、天文、地理、科幻、ACG、翻译、科学史……因而每一项都是鼯鼠一般的战五渣。

寄语：投入地做自己喜欢的事情。

我是王泽，现就读于复旦大学微电子系。

我喜欢篮球、健身、模型、动漫、看书、游戏等。高中三年在北京四中，我学习比较刻苦，这或多或少也有同学们的影响，哪怕大家在一起做题也是很开心的事，我与大部分同学关系都很好。上大学后，我越发感觉到四中人有一些地方是与众不同的。四中带给我的影响就是让我的视野更开阔，胸怀更宽广，思考了一些大多数人从未关心过的问题，明白了如何有意义地活着。

寄语：要让自己视野更开阔，胸怀更宽广。

我是戴维，现就读于中国人民大学商学院管理科学与工程专业。

我喜欢在四中平安大街边的方形操场奔跑，喜欢在玉兰花开的校园里与朋友谈天说地，喜欢在每一个地方带给每一个人欢乐，喜欢用热情去感染每一个人。曾经最喜欢在六边形教室里憧憬未来，而现在最喜欢回忆在四中最美好的曾经。

寄语：学会给予，学会放弃，学会等待。

我是李想，现就读于北京师范大学励耘学院理科试验班，方向是数学，同时辅修法学双学位。

我一直是一个相对较内向的人，爱思考，但是行动能力不强。我喜欢中华传统文化，曾担任北京四中孔阳国学社社长，大学期间也在社团中参与策划了多次活动，并加入了北京义工联盟，在联盟管理层中任职，利用自己的空闲时间服务联盟服务老人。

寄语：有自己的目标，并为之努力奋斗！

我是张鹏光，现就读于北京大学元培学院光华方向市场营销专业。

我性格阳光外向，爱和人交朋友，比较喜欢尝试新鲜事物，不喜欢一成不变的生活。平时的爱好主要有听欧美音乐，看话剧和打网球。很感谢可以在8班这个可爱的集体中茁壮成长。

寄语：再参加一次中考，我还报四中！

我是李冕，现就读于首都经济贸易大学计算机技术与科学专业。

我喜爱的运动是乒乓球，喜欢多种类型的音乐。我喜欢话剧表演，高中参加话剧社，曾多次参加话剧表演。

寄语：黑暗中，若有盏明灯，你极力把其光明据为己有，犹想将其悬挂于镜厅之中，以为是你制锢住了光明，其实是光明囚禁了你。不如把他放回原处，保护以待其他人寻辉而至。不要忘了当你身处光明时，还有好多人在黑暗中寻找光明；当你踏上寻迹时，还有好多人在茫盲中不知所明。

我是李高阳，现就读于厦门大学的物理海洋学专业。

我是个平时静得下，闹起来又很放得开的男生。我喜欢看书，侃大山，日落时散步和收集昆虫标本。出于从小对话剧的热爱，高中时有幸参加了学校的话剧社，导演年终大戏一部，同时结识了一群对我极为重要的朋友。考上名牌大学固然重要，但还是要尊重兴趣与热情选择自己热爱但也适合自己的专业；学习之外，参加些有意义也有意思的社团，你不会后悔的。

寄语：遵从本心，无怨无悔。

回响

当这群孩子的班主任真的很幸福

·高　杰

四中的课堂经常让我感觉充满了活力，即使到了高三复习也会看到学生们此起彼伏地提出疑问或者表达想法，让我在课堂上不敢有丝毫的懈怠，也不会有倦怠感。每次跟任课老师们沟通时，总是听他们说8班的孩子上课思维很活跃，参与课堂活动很积极，我就觉得特别开心。的确，8班的课堂总是活力充沛的，课上和课间很多同学都提出过让我感觉意外的问题，也给出很多让我惊喜的答案，像陈智鹏、邢霄、李楚楠、崔颢、谭乐辰、马川、马新然、邱雨嘉等很多同学都在化学课上给过我意外的惊喜。

我还记得高二学习《化学反应原理》时，练习册上遇到了一道关于几种溶液酸碱性比较的习题，当时在课堂上讨论时，同学们从宏观和微观上提出了不同的答案。李楚楠同学最后的分析让我印象深刻，他说：老师，这个问题就看成是用醋酸滴定氢氧化钠的滴定过程就好了。向碱中滴酸，溶液的酸性当然会逐渐增强了。他的回答赢得了阵阵掌声。

在四中的课堂上，教师不是权威。我觉得有时我更像是教练或仅仅是有责任的守望者。我常常会看到问题解决的思维过程，或者结论在孩子们讨论中的生成过程，甚至你会看到他们对于知识的结论及习题真伪的客观的评价。这种课堂是我喜欢的，也促使我在教学中不断地创新，不断地超越自己和追求卓越。随着我的课越来越受到孩子们的喜欢，有的孩子在匿名的评教作文中这样描述我的化学课：

同学们，你看过今年的3.15晚会吗？你关注食品的安全问题吗？其实我像同学们这么大的时候也不是很关注。可是现在食品安全问题越来越严重了！每周质量播报曾报道过这样一件由食品质量引发的食品安全事件——致命的咸蛋。

事实触目惊心，十几个家庭因此痛失亲人。我们沉痛之余，充分认识到了学习化学的重要性，也增强了对化学的兴趣。

高杰老师的风格正是如此。她总能巧妙地把课堂引入正题，使我们感到既在意料之外也在情理之中。由致命的咸蛋引出钡盐中毒的救治再到沉淀溶解平衡。从冬季使用的“暖宝宝”原理引出原电池反应再到金属的腐蚀与防护。这些问题源于对生活的思考，看似无关主题，实际却有着巧妙的联系。这样做激发了同学们的兴趣，并鼓励大家自由思考。

我想没有什么科学规律是清楚明白地摆在重任面前的，大抵是要经过对问题的深入思考。这些问题，追根溯源，正是来源于生活。常说艺术是来源于生活而高于生活，我想在这一点上，科学与艺术达成了一致。这种授课方式培养了同学们的科学精神，并为我们今后的发展打下了坚实的基础。

我一直觉得北京四中的课堂包容性很强，不管学生提出多么奇葩或者不靠谱的想法，都会得到尊重。我曾经在一段时间内坚持写课堂教学反思，有时一节课下来能总结出学生的很多种想法，甚至对老师都是很大的启发。这时我会感觉到能当这群孩子的老师真的太幸福了，这才是教学相长！

课堂不仅是传授知识的阵地，更是培养学生独立人格、平等理念、民主意识和科学精神的殿堂。一个和谐、大气、包容性强学习和生活环境，会给孩子们带来很大的改变。从有些孩子身上我能看到他们从高一时因成绩优异而散发优越感甚至有些傲慢的气场，逐渐变得睿智而低调、大气，由言辞曲高和寡、缺少朋友的状态变得为人随和、喜欢群体生活，我更为他们的成长感到骄傲。在这里，成绩相对落后甚至班级排名最后的同学能得到同学们最大的支持和认可；在这里，优秀的孩子变得更杰出，杰出的孩子变得更全面，智商情商同步增加；在这里，思维的天马行空和行为的有序从不矛盾；在这里个性的张扬和群体的和谐共存！

参加学科竞赛的学习是很多孩子在中学阶段都有的经历。我想四中的很多参加竞赛的孩子应该是因为兴趣或者像双城所说的“课内学爆的基础上”对自己的一种挑战。至少在8班，我从来没有要求他们参加学科竞赛或者建议他们选择竞赛。

我对于8班参加竞赛的孩子的印象是他们中很多人都对竞赛的学科表现出无比的热爱，比如喜欢数学的白林禹、王倬榕、陈智鹏；喜欢物理的王宇驰、曾志、王博洋、張霄、刘双成；喜欢生物的李晔、罗琪、李高阳、杨伊童、冯天一。他们因为兴趣坚持了竞赛学习，学习了知识，挑战了自己的时间规划能力，也因为竞赛收获了友谊，赢得了自信。高三时5个孩子拿到了各种学科竞赛的北京市一等奖，也算是对他们努力付出的肯定。

当然正如孩子们所说，竞赛这条路不是一帆风顺的。很多孩子都遇到了退出风波，或者是因为自己，或者是因为家长的建议。还记得张霄在高二下学期课内成绩暂时没有达到自己的目标时，双城在意外受伤时，曾经被家长建议过退出竞赛。班主任在遇到这样的情况时，一定不要急于反对和赞成，一定要与学科竞赛教练交流及时全面了解孩子的学习情况和学习能力，要与孩子多次交流沟通，了解他们自己的想法，然后再协调学生、家长和竞赛指导老师的意见，帮助孩子做出决定。这个过程或许是煎熬或许是磨砺，但最终孩子们收获的一定不仅仅是竞赛成绩。

提到勤奋学习，可能留给孩子们最深印象的还是高三的学习生活。确实，和原先在高一、高二每学期只有两次大型考试相比，高三的各种考试和训练要多不少。这些训练与其说让孩子们对知识的掌握更加熟练，知识应用能力得到了大幅提高，不如说更多的是让孩子们更加学会了合理规划自己的学习和生活，学会了调整心态和情绪。经历了高三一年，孩子们不仅收获了优异的高考成绩，更重要的是获得了心智的成熟，心态的平和。

高三有几件事情让我印象特别深刻。比如说双城因为竞赛保送又放弃了保送，完全凭实力参加高考，考出了686分的高分。张霄、罗琪保送后，依然参加高考，与同学们共同奋斗。而且张霄作为班干部，主动承担了班内很多琐事。邱雨嘉在高三上学期参加SAT考试，考出了那次考试的全球最高分。鞠念桥和邱雨嘉在高考之前就分别拿到了韦尔斯里和美国西北大学的录取通知书，但同样和同学们一起努力奋斗参加高考，考出了650多分的高分。鞠念桥在得到韦尔斯里录取通知书后，告诉我先不要告诉同学们，因为同样申请出国的邱雨嘉还在焦急地等待结果，她希望我能在邱雨嘉也拿到通知书后，同时公布他们两个的好消息。班长王博洋在发现晚自习刚开始时秩序不够好时，利用早自习时间向同学们慷慨陈词，激励同学们表现出更好的学习状态。

还有当然就是令人欣慰的高考成绩和录取结果。一切都是努力付出之后的水到渠成！我们收获的不仅仅是高考成绩，更重要的是同学之间的情谊！

第 3 章

风华正茂，激扬青春当如是

光学习，不玩耍，聪明小孩也变傻。我们相信教育的本质是关注孩子一生的成功。学习的能力是培养出来的，担任各种职务，参加足球篮球赛、K歌、演话剧、军训、游学和参加成人礼，都是在培养能力。

1. 昨日辛苦换明日幸福，记田径场上的坚持

文 / 鞠念桥

我是鞠念桥，现就读于美国威尔斯利学院（Wellesley College）数学、物理双专业。高中在校期间曾参加过辩论社、摇滚社以及英语话剧社。校田径队队员，被评为校级优秀运动员，曾多次代表学校参加西城区中小学生运动会。

寄语：在学习和参加活动中，磨炼自己。“有生之年，皆学之日”。

当时心里只知道无论如何都不能放弃，强迫自己忘掉那些身体上的痛苦，脑子里反反复复默念着“我不去想是否能够成功，既然选择了远方便只顾风雨兼程”，还有“提着昨日种种千辛万苦，向明天换一些美好和幸福”。

曾经那么鲜活的记忆已经一点点褪去了，但是当年那么热血、那么励志的感觉永远留在我的血液里。

当年女生宿舍的洗澡水只烧到每天下午5：30，去晚了热水被别人用完了就只能洗凉水澡了。田径队的训练每天最早5：40才能结束，于是那段时间不知道洗了多少次的凉水澡。经常是正洗着突然热水就没了，只能想出个“笨办法”，把每一个喷头都洗一遍，用尽管子里面剩下的热水。但是最终面对冷水审判的那一刻，也只能硬着头皮往上冲。

高中三年里不知道做了多少件只能硬着头皮往上冲的事情。

刚进田径队的时候，每天下午上到最后一节课就开始害怕，不知道老师又有什么恐怖的任务给我们，是计时的3000米，是全力不达标要重跑的800米，还是让人精疲力竭的“23432（百米）”组合。

记得特别清楚，第二次训练就赶上跑2000米。跑步的时候就感觉自己要死了，每跑一步都想着下一步无论如何跑不动了，迈不动步子，感觉像是穿着一双铁鞋在跑步，喘不过气，感觉心脏被一堵墙狠狠堵住。不停在问自己，同学们都在自习室里自习，为什么我要在操场上受这种炼狱般的罪。

现在再回想，也不知道自己为什么能坚持。当时心里只知道无论如何都不能放弃，强迫自己忘掉那些身体上的痛苦，脑子里反反复复默念着“我不去想是否能够成功，既然选择了远方便只顾风雨兼程”，还有“提着昨日种种千辛万苦，向明天换一些美好和幸福”。

这两句话是我从一本GRE参考书里面看到的。记得特别清楚，序言里面作者写了一个四中的学姐，每天凌晨2点自习之后要从厕所窗户翻出来回宿舍的故事。我知道自己肯定没有学姐考上北大光华的那份智慧，只能更加拼命努力。感谢有四中173条校规的监督，让我没有做出什么惊人的事情。有很长一段时间，我都是每天晚上熄灯之后，在被窝里面打着手电筒背单词。为了准备出国考试，我背烂过三本词汇书，TOEFL、SAT、GRE各一本。在SAT和GRE红宝书的封面我都写上了那句“提着昨日种种千辛万苦，向明天换一些美好和幸福”。凭借我5号床上铺有储物柜遮挡的有利地理条件，和被子足够厚、不透光的天然优势，加上无数次的尝试，居然这么干了一个多学期都没有被宿舍老师发现。在被子里面蒙上十分钟就会热得满头大汗，还有点喘不过气。必须隔一段时间就探出头来换气，再把后背靠在冷冷的墙上散热。

每个人都有一箩筐惨故事，我知道我的同学里面比我更加刻苦努力，更加拼命的人双手双脚并举都数不过来。

当时就觉得所有的努力都会有回报的，不能让周围那么多为我付出的人失望。田径队这么苦，那么多人来了又走了，最后坚持下来的只有这几个好朋友。我从来没动过出走的念头，有多少困难也都克服了，因为我知道如果走了陈老师会很伤心的，也再找不到这么纯粹的一帮朋友。如果在出国，或者高考的路上放弃努力，会对不起妈妈。

高二下学期的时候，每天田径队训练完，晚饭也赶不上吃就要坐地铁去海淀黄庄上SAT强化课，晚上再坐地铁回来，卡着时间洗一个澡，熄灯以后就要在被子里面背单词、写作业。最后实在是受不了这种煎熬了，妈妈就把我接回家了，也开始了陪我熬夜学习的生活，虽然她在11：30左右就昏昏入睡了。当时SAT阅读刚刚入手，经常是一篇文章从头到尾读下来就没有一句话能够读懂的，加上妈妈怕我打瞌睡还要陪我聊着天，阅读题做得是一塌糊涂。那真的是非常好玩儿又温馨的一段时光。现在去了美国上学，只能在图书馆里，对着电脑小屏幕用视频聊天让妈妈陪我学习。

当年那段温馨时光再也回不去了。不过我脚下还有未来。

2. 超励志逆袭，记传奇的篮球联赛

文/张　霄

我们班的比赛过程不乏戏剧性和传奇色彩。从一上来被打懵到最后的应对自如，从一开始的配合不默契到之后的精诚团结。这个过程比一部励志小说更令人激动，因为这是我们真实经历过的事情，这是凝聚了我们的泪水、汗水，团结、奋进的过程。篮球联赛中，我们挥洒了汗水，奉献了激情。它让我们对篮球的意义有了更深层次的思考，而这思考也必将成为我们人生历练中的瑰宝。

也许我们不能像NBA球星那样视篮球为生命的全部，但对于我们大部分男生来说，篮球绝对称得上生命中不可或缺的一部分。从小到大，伴随着我们成长的除了学习，便是对姚明、科比的挚爱，是对总决赛第七场的期待，是对自己完成了那个超高难度进球后的踌躇满志。

终于，高二的下学期，我们迎来了有生以来第一次正式的篮球比赛。那一刻，篮球的意义有了一个新的诠释，从玩耍变成了认真对待，从与对手有说有笑变成了激烈万分的身体对抗，从以获得快乐为目标变成以胜利作为唯一追求。那一刻，班级的荣誉感印在了我们每

一个男生的脑海中。

还记得开赛前几天，当时作为体委的我被叫到体育组开会。由于之前多多少少已经听到了篮球联赛即将开始的风声，走在去体育组的路上，我便已经激动不已。那次会上，老师将我们12个班分成了两组，拿到分组通知的时候，我欣喜万分，只见一组云集了1、3、6班等很有实力的班级，是个不折不扣的“死亡之组”，而我们组只有4班、7班能对我们构成威胁。我当时就憧憬着，以我们班的实力，小组头名十拿九稳，而冠军也不是不可能。看着9班体委杨怿墨对分进了死亡之组喋喋不休，我只能略带幸灾乐祸地祝他们好运了。

回班告诉了其他男生分组情况，大家同样兴奋，唯一有所顾忌的就是我们第一场就要面对强敌4班。王博洋略带不情愿地说：“我不想第一场就打这么强的班。”他的话在一定程度上道出了我们每一个男生的顾虑，然而这种顾虑却并没被我们重视起来，我们依然坚信我们无往不胜。

比赛的那一天来到了，虽然直到下午第三节才开赛，但我仍清晰地记得那一天中午时我们便出现的紧张的心情，这种紧张一直延续到了下午第二节课。记得那时的生物课我已完全听不进去任何一个字，环顾一下身边的崔颢、戴维，神情也同样凝重。离下课还有5分钟时，我的双手甚至有些发麻，于是大口大口深呼吸来调整状态。下课铃一响，我们十几个男生视死如归般走下了楼梯，而其他同学也寄予了我们无限的期待。

来到操场，经过了一系列热身运动和队员们之间的鼓励，我们踏入了比赛场地。周围围满了两个班观赛的同学，呐喊加油声足以震撼全场。我们第一次在打篮球时感受到了如此宏大的场面，这第一次的经历也令我们每个人的神经更加紧绷。比赛开始了，耿思跳球成功，我拿到球跑到前场，刚想埋头往里扎，只见他们班已经在三分线内严阵以待，最高的贺浩千站在中央，其余四人分布在三分线边缘，随时准备给予我们冲击。我试图突破，却被对方用身体顶了回来，经几次传球后依然未果。一时间，我们似乎被这从未遇到过的高强度防守彻底震慑。迟疑之际，对方便是一个断球，我们紧追不舍，好在他们一开始也没有章法，进攻被我们顺利化解。反过来面对他们高强度的防守，我们却依然束手无策。0：0的比分僵持了很久，不幸的是，他们班率先找到了感觉，高腾一个抛投打板入筐，紧接着又是一通猛击，比分瞬间变为了6：0，我们被迫叫了暂停。

虽然一分未得，但我们几个的体力已经损失了大半，这其中一部分来自于身体的对抗，另一部分来自我们精神上的重压。做了些微调整后，我们重新上场。

这一次我们找到了感觉，邢霄率先发难，在快攻中砍得4分，耿思也上篮命中，我们一下把比分追到了10：6。看到进球，我们扯着嗓子大喊好球以壮大声势，对方也确实被震慑了三分。然而好景不长，我们的防守漏洞百出，他们的防守却似乎铜墙铁壁一般总也打不进球。时间在一分一秒地过去，我们的比分却被进一步拉开。15：8，还剩3分钟，我们在心理上似乎快要绝望。打进了一个球后，我没有丝毫的欣喜，充斥我脑海的满是失望与无奈。随着裁判一声哨响，4班同学欢呼了起来，我始终记得4班赵博文在那一刻高举双手欢庆的神情，然而伴随着的是我们无限的落寞与自责。

回到班中，我坐到座位上久久不能释怀，直到大家都放学离去，只剩下我们两三个人。看到我无比失望的神情，戴维连连“没事、没事”地安慰着我，耿思也很淡然地接受了现实，憧憬下一场比赛。然而在我心中，我绝不能接受这个结果，更不能让这样的结果再度发生。

值得一提的是我们班的防守策略。其实我们班同学个个人高马大，尤其是大个儿崔颢，往篮下一站，本可以遮住半边天，然而第一场我们并没有做过多安排，只是简单地人盯人，这让我们本来拥有的身高优势并没有发挥出来。于是，在篮球选修课李冰老师的指导下，我们学会了能发挥身高优势的联防。我们也期待着联防的运用能成为我们整个篮球联赛的转折点，让我们渐入佳境。

果然，下一场对阵实力没有那么强的2班，联防的运用让我们找到了感觉，将他们的得分限制得很少，而我们每个人也都在进攻上有所斩获。虽然我们打得还是有点紧，没有完全发挥出实力，但我们依然有惊无险地拿下了比赛。

对阵5班的比赛，我们终于发挥出了我们班深厚的“篮球底蕴”。5班的实力在2班之上，但我们却打得更加轻松。联防的运用让他们得到任何一分都难如登天，而进攻端我们却是多点开花，轻松自如。期间还运用了我和张鹏光戏称为“8班特色”的经典配合，即是在别人不注意之时，由底线直接发球空中接力得分，这一杂耍般的得分也令对手非常无奈。8班的默契和团结也在一场场比赛中建立了起来，有一球邢霄快速上篮，被对方凶狠地撞倒在地，原本老是被邢霄招惹的耿思桐也大喝对方“你们这是打人还是打球？”为邢霄出气。另外，我们所有上过场的队员也都有了得分，王博洋迎着对方防守用一个超高难度的后仰跳投砍得两分，而人高马大、“只手遮天”的崔颢也凭借罚球砍得一分。得胜之后，只见洋洋得意的崔颢拉着路过的陈智鹏吹嘘道：“瞧瞧，哥场均能砍0.33分，这水平可不是盖的。”一旁的王宇驰听后略显不爽，不过他还是保持了自己“蔫”的本色，只是独自盘算着下一场自己要有所发挥。

下一场可以说是最轻松的一场比赛了。对阵实力最弱的文科11

班，我承诺我们班只要领先10分就让之前没参与过的同学都上场比赛。开始比赛后，我们没让同学们等待太久，只三分钟，我们便以10：0开局，立马换上了以王宇驰为主力得分后卫的超级阵容。盘算了许久的王宇驰果然实力超群，只一上场两分钟，他就觅得良机，于三分线外接到传球。王宇驰沉着冷静，长长地呼了一口气后，向篮筐一瞥，于是以标准的姿势"刷"地将球投了出去。只见球在空中划过了一道美丽的弧线后，应声入筐。全场沸腾了！所有人都在为王宇驰的三分球而惊呼，而王宇驰只是淡淡地跑回了后场做好防守。这种处乱不惊、不以物喜的态度正是超级球星所应具有的姿态。王宇驰也凭借这8班唯一的三分球，力压耿思当选8班新生代三分王。

拿下11班后，下一场就是强敌7班，虽然平时我们和七班的关系最好，一起走在路上我们也都会说："7班8班是一家。"然而胜者只有一个，面对兄弟班我们同样不能手软。比赛一开始，我们便被打出了一个5：2的劣势，这个开局也让我们感受到了对方的实力。一时间，我以为对阵4班时的情景会重演，但我下定了决心，绝不让这情景重现。于是，我用一个突破上篮稍微稳定了一下局势，而之后在我发边线球时，虽然没有事先说好，但我给耿思使了一个眼色，耿思也明白了我的意思，只见他从三分线外疾驰而入，在他高高跃起时，我把球传了过去，在对方还未回过神来球便已经应声入筐。"8班特色"的再度成功让我欣喜不已。我们的联防依旧威力十足，限制了对方得分之后，我们频频快攻得手，最后一节刚开始，我们便将分差拉开到了20分。考虑到我们两个班的友谊，我们还是要给对方一些面子，于是换上了第二阵容上场比赛。最终我们以15分优势大胜对手，取得了仅次于4班的小组第二的成绩。

最后一场比赛对阵另一小组的第二名6班，胜者便可以获得季军。

打到这个份上，我们已经完全放开，我们的联防果然也成为了我们的转折点，让我们渐入佳境，同时在这场比赛中达到了一个最高峰。面对实力强大的6班，我们打得很有章法，和对阵7班一样一度拉开了20分。其中不乏精彩瞬间，如崔颢气吞斗牛的补篮，耿思舍我其谁的一对一上篮，还有我的抢断一条龙得分。最终，我们再次以一场大胜收尾，为我们的高中篮球生涯画上了一个圆满的句号。

回想篮球联赛的始末，我们班的比赛过程不乏戏剧性和传奇色彩。从一上来被打懵到最后的应对自如，从一开始的配合不默契到之后的精诚团结。这个过程比一部励志小说更令人激动，因为这是我们真实经历过的事情，这是凝聚了我们的泪水、汗水，团结、奋进的过程。篮球联赛中，我们挥洒了汗水，奉献了激情。它让我们对篮球的意义有了更深层次的思考，而这思考也必将成为我们人生历练中的瑰宝。

3. 尽力则无憾，记虽败犹荣的足球赛

文 / 李楚楠

我是李楚楠，现就读于北京航空航天大学。其实我的爱好还挺多的，篮球足球音乐我都挺喜欢的。我喜欢分析历史，也喜欢钻研科学，因为它们都能让我领悟一些道理。我愿意和别人分享自己的感受，也愿意倾听别人的心声。我有些另类，但我绝不乱群。我愿意思考身边的问题，向别人学习，这就是原汁原味的我。

寄语：用心珍惜身边的每一点幸福，奋力把握稍纵即逝的机会。

那一刻，我突然觉得，只要我的表现对得起自己，对得起队友，对得起球迷，对得起这个班，比赛结果又算什么呢？双方的强弱又算什么呢？就算对方是银河战舰，就算我们被打得体无完肤，有什么遗憾呢？

足球，一次次带给我们激情。前锋们鬼魅般的脚法，中场球员们闪转腾挪的技术，后卫们奋不顾身的头球冲顶，门将们纵身一跃力保球门不失……这一个个镜头，曾让深夜里电视机前的我们一次次为之喝彩，为之动容。

足球场上总不乏故事。胜败强弱，悲欢离合，那一片绿茵向你娓娓道来，讲述当年的光荣与梦想。

如今这一切将要真真切切发生在我们身上：足球联赛，给了我

们一个梦想成真的机会。足球场上的激情与故事，将第一次在我们身上上演，当然这也许就是最后一次我们有机会参加有组织的足球联赛了——毕竟我们都不是运动员，将来繁重的工作与家庭负担只会让我们离球场越来越远。

那一点点珍惜，一点点紧张，一点点激动，一点点欣喜，让梦想成真的时刻反而变得有些虚幻了。没有太多的准备，披上战袍，穿好战靴，踏上战场——一切如梦，那样的迅速而美妙。足球联赛就这样来了。

不知是谁抽的签，让我们的故事从一开始便富有戏剧性。作为一个“足球弱班”，我们没有一名校足球队队员，甚至参加足球选修的人也寥寥无几。足球场上向来鲜有8班人的身影。恰恰我们抽到了“五星巴西”这只豪华之师的球衣，而恰恰我们又被分入死亡之组——同组的5班和6班加起来占据了足球队的半壁江山。不仅出线希望渺茫，我还暗自怀疑我们的表现能否对得起身上的这件球衣。

作为一名中后卫，我成功拿到了偶像卢西奥的球衣，然而这轻飘飘的球衣穿在身上却显得如此沉重。我清楚，对手狂风骤雨般的进攻即将倾泻在我们的门前，而我还只是球场上的新兵，甚至连叉腰肌也缺乏锻炼，真可谓是生命不能承受之重。

商量战术时，我仔细看了看同伴们的脸，显然他们也并不轻松。不过没有人抱怨，大家眼中流露出的是坚决。赛场周围的气氛逐渐活跃起来，球迷们不甘寂寞，已经开始呐喊助威了。那一刻，我突然觉得，只要我的表现对得起自己，对得起队友，对得起球迷，对得起这个班，比赛结果又算什么呢？双方的强弱又算什么呢？就算对方是银河战舰，就算我们被打得体无完肤，有什么遗憾呢？“尽吾志也而不能至者，可以无悔矣，其孰能讥之乎？”

来不及多想，比赛已经开始。按照既定的计划，我们稳固防守，伺机反击。虽然我们被看作鱼腩球队，却决不能任人宰割！

当对手连过数人后，你该怎么办？

当你轻易被对手抢断，你该怎么办？

当无力感泛上心头，你该怎么办？

只有相信队友。只有团队，只有合作才能弥补技术、经验和身体上均不占上风的尴尬局面！

那一刻，我们是一个班，我们同呼吸共命运，一同抵挡对手犀利的进攻。对手一人突破，我们几人围抢；就算被过人也不能放弃，也要死死粘住对手，让他们不能舒服地拿球；队友那边局势紧迫，我会立刻补位。就连我们的前锋也退回自己的半场协助防守，不遗余力。

四中的学生都是优秀的人，因此自豪感很强，甚至带着一股傲气。然而足球场上作为弱势的一方，我们学会真正放下姿态，品尝到了合作的快乐。本以为会被打成筛子的我们，愣是一次次顶住了对方一波波进攻。虽然第一场比赛我们以一球之差饮恨，第二场比赛我们只收获一场平局，并且遭到淘汰，但我们打出了自我，打出了8班团结协作永不言败的精神。我们已经尽力了。

我们记住了一连串精彩配合后李想的入球，记住了王博洋的灵光一现轰入一脚世界波，记住了戴维在失去重心的情况下努力护球，记住了马川奔波进攻与防守两端不辞劳苦，记住了王智丰、涛哥与小白死死缠住对方边锋，记住了耿思的大力开球与精彩扑救，还有张霄替补出场身先士卒……

最终5班夺得了冠军，我们还以逼平过冠军而津津乐道。其实这不重要，重要的是我们发挥了自己的水平，打出了8班团结协作永不言败的精神。足球场上一起走过的那段日子因此而灿烂。

4. 你不是一个人在奔跑，记4×100米接力

文／王博洋

有可能上了大学，操场上就你一个人打球了。跑步也是。起先所有人陪你一起跑，或许到后来，每个人都有自己的终点，走下了跑道，最后只剩你一个人。也许某天，整个大地上只有你一个人在奔跑。可这又算得了什么呢。我永远在继续。

“拿着。”我一件件接过他们递来的衣服，看着他们走上赛场，夺得冠军，一次又一次。初中时，我从没有想过那些在红底白线上追风的人会与我有关，对我而言，在场边帮他们拿着衣服，看他们风驰电掣地领先、撞线，已是令我最激动的回忆。四中是个改变我的地方，这改变很大一部分体现在它成就了我许多曾如此缥缈的狂野梦想，很多就体现在运动场上。

体育总能带给我一种热血沸腾的感觉，跑步是一件极其单纯的事情，抬腿，摆臂，呼吸，不断重复着的简单的动作，跑步时耳旁的风声，欢呼声，偶尔听到的自己的名字，一切的陶醉都难以言表。所以热爱体育运动，它带来的阳光和感动，是没有参加过的人所难以体会的。

8班的运动会真可谓“命途多舛”。其实我们完全有实力。长绳、长跑 、游泳的辉煌战绩说明我们的体育有多么强，然而高三还是抵挡不住一个接一个的意外伤退。张霄在电话里说“我们集训刚好覆盖运动会那周，回不去了”；耿思蹒跚地走进办公室“我得请假回家睡觉”；小白“第二天就竞赛了根本回不去”；莫寒就在比赛的前两天崴脚，“真不行了……靠你们了啊！”。我记得他们一个个离开时的那种无奈，失落感笼罩着整个班。

于是那是我第一次清晰地意识到这次自己绝对不能再受伤。每天放学训练时转弯道都小心翼翼地减速——印象中自己从没有这么认真地对待过跑步。我最担心的，是我们班的4×100。少了张霄、耿思，再加上曾哥的换人，高二的阵容除了我之外全部换掉。记得赛前那一周，为了4×100，我、川儿、邢霄、王泽在楼下一次次练到腿抽筋、脚起泡，当时只有两双钉鞋，四个人换着穿，一遍遍地在大喊“跑”“停”中交接棒，一遍遍地出区、迟接、掉棒之后练成了我们自己的节奏。我现在还记得那个周三周四我和高富帅（邢霄）一起练到很晚，一双钉鞋在我们脚下换来换去，弯道，慢了，快了，喊早了，跑早了，跑完了，棒掉了……直到练到我们满意的接棒；我还记得王泽在一天练完后疲惫地坐到地上，揉着腿说不行了明儿真不能再练了，第二天还是准时出现在运动场上；我还记得那个周五，我跟马川说我实在撑不住，把200米交给他，事实证明川儿真的足够强大，在强手如云的200赛场冲进了决赛。现在坐在家中，电脑前，已很难回忆起那个时候操场上的火热和赛前的紧张。高三，为了运动会，整整一周的时间在跑道上挥汗如雨，为8班，值了。

最后一天的比赛其实更像一场梦。我们仰望10班的矫健，又为9班赵鸣树受伤而无法上场“窃喜”。四百米的亚军让我沉浸于梦幻，涛哥神奇的1500和800连跑已然是旦哥附体。我现在依稀记得4×100选手站上跑道时自己的那份茫然，全然不知一分钟后会是怎样的结局。枪响，摘掉眼镜的我完全看不清400米的那头，他们跑得怎么样。心里祈祷，不要在接棒区失误就是最大的胜利。一棒，二棒，三棒，三棒拐过弯道向我们冲过来。我死盯着跑道那头的地面。最外侧先杀过来一个人——那是12班的篮特。又来——6班。忽然我站的道上跑来了一个人。高富帅！那大概是我这三年最希望看到他的一次，果然出现了——之前的一切都很顺利。看着他跑近，我调整呼吸，背过身，“最后一棒了”，手掌被一个东西猛地一拍，握紧，冲。

之后的事情我真的记不清了。好像是过了一秒钟，又好像过了一年，我只记得我站在终点线外大口呼吸着，王凯宇比我早了0.4秒，贾天白已被我甩在后面。小组第二。我第一反应是冲向身边的队友用碰撞宣泄狂喜，像初三那年夺冠一样，却忽然发现400米跑道和200的不同——队友都在四个角上。于是冷静下来，犹记得马川那句“咱别急着走回去，慢点，迎接掌声”……

从没想过会是这么辉煌的结局，原本季军都远远超出我们的想象。要谢谢川儿、王泽、高富帅帮我成就了这样一个梦想。也要谢谢这块跑道，我从来未曾幻想过自己可以作为4×100米的第四棒来参赛。谢谢你们给我这方阳光，它让我初中的那个梦得以延续。

记得高老师在篮球联赛结束那天说大家一定要珍惜这种集体运动的回忆。有可能上了大学，操场上就你一个人打球了。跑步也是。起先所有人陪你一起跑，或许到后来，每个人都有自己的终点，走下了跑道，最后只剩你一个人。也许某天，整个大地上只有你一个人在奔跑。可这又算得了什么呢。我永远在继续。

5. 创意就是搬着沙发去赛歌，记校园歌手大赛

文 / 崔　颢

我是崔颢，现就读于北京大学心理系。在2012年的高考中失利，不甘心的我选择复读一年，终于在2013年的高考中以优异的成绩考入了北京大学心理系。生活中的我还是比较开朗的。喜爱音乐、阅读、戏剧、电影。从小学了七八年的萨克斯。作为导演，在高中阶段执导了《雷雨》、《油漆未干》等剧目，还自编自导了班级DV大赛剧目《硝酸银污染案》。

寄语：无论身处什么样的逆境，请永远不要放弃希望。

宣传照是在长廊里照的，我们俩都一袭黑衣，戴个墨镜，摆出酷酷的造型，现在看到那照片，还觉得简直帅爆了！

初中的同学会，但凡去KTV，我从来没有唱过一首歌。唱歌这事儿对初中的我来说，真是个奢侈品。不过小学的时候，在合唱队练了四年，唱歌的底子还是有些。还幸运地跟着合唱团为华纳巨星演唱会进行了配唱。

上高中后第一次唱歌好像是高一那次音乐课的《蒲公英的约定》，那次清唱的感觉还蛮不错。后来新年的班级联欢会上，唱了《路太弯》。我现在还记得那天，我和高老师去把班里挂的拉花送到化学办公室，高老师边走边跟我说："崔颢啊，你唱歌还不错，下学期会有

卡拉OK大赛，到时候一定要参加啊！”

我必须得说，其实我早已经对这些事失去了兴致与勇气，是高老师还有你们的鼓励与支持，给我力量，让我能最后站在那舞台上。

8班确实有很多人很能唱歌。但是那年的卡赛，每个班只能派出两组选手。考虑到这个原因，我便和王博洋组成了“颢洋组合”去参加比赛。班里的初赛，我们选择了《十年》。那天发挥得不算完美，但很高兴能得到大家的认可。李卉和任可的组合第一次亮相便技惊四座，给了我们俩很大的压力。

选曲目的时候确实很纠结。想了很久都找不到既适合我们俩的音域，又符合卡赛阳光向上主题的歌。直到某一日从mp3中听到了《寂屋出租》。于是有了最后那个被人戏称为行为艺术的创意，也发现这首歌确实是很好的选择。王博洋也觉得这歌不错，于是就定了下来。宣传照是在长廊里照的，我们俩都一袭黑衣，戴个墨镜，摆出酷酷的造型，现在看到那照片，还觉得简直帅爆了！

开始卡赛了。李卉任可她们的组合率先出场，却出师不利。在我看来那天她们的发挥简直就是神级的了，但似乎是由于声音小的缘故，评委不买账。突然一下子压力都到了我们组，但我们俩倒是比较轻松，自信满满的。

终于到了我们出场的那天，记得还先去管安迎老师借沙发。为了这个小创意，确实还麻烦了不少人。不过看到那个沙发放到后台的时候，不知为何，心里觉得踏实得很。那天在后台备场的时候，我做着每一次在那里时都在做的事，从幕布后面仰头望着天花板，王博洋也念念有词，我们就这样一直保持到了主持人报幕结束。

那天我的状态不是很好。这歌伴奏不太好，开始的地方不好把握，虽然比赛前练了多次，这回还是出了点小问题，不过后来调整回来后，整体就比较正常了。王博洋那天我感觉还是不错的，不过依他的水平，其实还可以更好。记得我唱“我倒在沙发上”那句的时候，还刻意突出了沙发两个字，引得台下一片笑声，目的就算是达到了。说实话，在舞台上，能有个沙发给我躺真的是件幸福的事。

我估分大概能得93分左右，不过最后因为有几个80多分的缘故只有91.9分。那时候正好排在已经出场选手的第四位。现在想来，那天评委打分确实有点严格，除了我们没有一对上90分的，这也导致了最后的悲剧。最后那一场不知道为什么，出场选手的得分都出奇的高，有几组听着感觉不好的最后得分也超过了我们。

这或许就是命吧，最终名列第8，没有晋级。但我们享受这个过程，我们虽觉得遗憾但也可以接受它。而且，与高二那年相比，高一的卡赛真的组织得太棒了，这样的规模真是我从没想到的。那才真正像一场唱歌比赛吧。

很多美好的事都没有一个完美的结局，但多少年后回忆起来，依然感觉很开心，很满足。这就够了。唱歌最初的目的，不也是为了能让自己，让更多的人快乐么。

6. 来看戏吧，戏是自由的！记排演话剧《雷雨》

文／崔　颢

> 时代在发展，现在没那么多人愿意看戏了。但我在这里，也愿意为戏向这时代发出邀请。就用话剧社那句传了多年的话吧：“来看戏吧！戏是自由的！”

刚来四中报社团时选择了考古社。多亏了某日去看了社团展演，我突然发现四中还有这样一方舞台可以任我驰骋。于是二话不说，到话剧社报了名。几次训练活动之后，话剧社打算让当时高一的我们分两组排练《雷雨》片段。由于并不那么相信自己的表演能力，出于对台词和人物性格塑造的恐惧以及对导演事业的一点愿望，我第一次当上了导演，两个月的时间，排出了我人生中第一场戏。后来在报告厅公演，老社长说，我们的水平绝对在他之上。从那以后，话剧社的很多同学爱称我为崔导。

高一下半学期，话剧节前是期中考试。考试前和李烨打赌，因为很想让她出演个角色，她却不肯。我说，我们赌地理成绩吧，假设这次期中考试我的地理能上90分，你就演吧！前两次考试我都是六七十分，但那次为了这场赌约我在地理这个讨厌的科目上下了苦功。最后，95分，超额完成了任务，可惜了啊，最后因为剧目的原因还是没让她演，不过这事儿即使是现在回忆起来，依然感觉很美好。

8班能演戏的同学还是挺多的。除了我、李烨、弆哥三个话剧社成员之外，还有很多人对这项事业充满着热爱。某日邹子圆和雷阳雪来找我问她们能不能当执行导演，我感到的更多是惊喜。不过，虽然交出了导演权，但该管的很多事儿我还是得管。

其实那年我真的很想排《唐璜》，我是发自内心地喜欢这个本子。不过因为话题过于敏感，遭到了很多的人反对。眼看着离公演的日子越来越近，我觉得不能再在这个问题上犹豫不决，于是我选择了《雷雨》，一个更大众的，也更能出彩的剧目。很多人诟病这个选择，说这个本子话剧社已经排烂了，而我们的水平达不到那样的高度，最后会搞得很尴尬。我却一直相信一件事：演一个好的本子，即使发挥得不那么好，最后达到的效果也是好的。而且，我不相信8班的孩子们能比话剧社差多少，所以我要赌一次。后来知道有3个班选择了《雷雨》: 7班选择了略为平淡的第二幕，11班继续了话剧社演过的第三幕，那么我们，我真的想挑战一把。既然都演《雷雨》，我们就该和他们不一样！我说，我们要演第四幕！

这事儿风险很大。你说演戏这事儿是一个循序渐进的过程，《雷雨》的悲剧也不是一时半会儿造成的，它也需要演员在台上拼上两个小时才能达到高潮。最后一幕大家都知道，那需要演员的爆发，一种近乎疯狂的爆发才能完美地诠释人物真实的心理，毕竟这样的经历我们这辈子估计也不会有。你指望演员刚上台就一下达到那么好的状态，即使对于专业演员也不是件容易的事儿。但我觉得，如果想出彩，这个挑战我们便必须经历。我仔细地考量了一下8班的同学们，感觉在角色选择时不会有太大问题，基本上都能找到性格方面比较本色的演员。综合考虑，我认为，我们有能力向这一段经典叫板。最终，剧目就这样被定了下来。

选角色时最先确定下来的是周朴园和蘩漪。双儿确实是我心中8班最能塑造周朴园那种父亲威严的人。当然，我所担心的事儿没有发生，双儿很happy地接受了这个角色。蘩漪这个角色比较难演，当一个女人心里的事儿太多的时候，如何把心里有这么多事儿表现出来真不是件容易的事儿。相较之下觉得秦达然有一种不可言传的气质，说不清是为什么，总觉得，让她演蘩漪合适，可能她不能完全驾驭这个角色，但至少她镇得住场子。加上她对话剧的热爱，让她出演便也自然板上钉钉。

不能浪费鼻哥这个资源，所以尽管一向认为鼻哥更适合正派些的角色，我还是让他去演了鲁贵。似乎有这么句话么，每台戏都需要一个胖子来压阵，这事儿鼻哥擅长。鲁大海这个角色大概类似于一个莽汉的形象，他的痞气与正直要有机地结合在一起。那些话我不知道短时间内能让谁在舞台上那么自然地说出来，我觉得这个角色没什么好选的了。张鹏光说他在背台词上有点问题，但我觉得，这个角色非他莫属。在几次劝说之后，终于只剩那两个最头疼的角色了。

我一直担心8班没有人能演周萍，因为他实在太复杂。那段时间一度想自己去尝试下，可最终还是无法对自己的水平放心。这么重要的角色若是出不了彩，这场戏就输了。李想倒是一直希望能出演这个角色，我一开始对他不太满意，不认为他能很好地诠释复杂的周萍，但又苦于无人能演，最终也只得死马当活马医吧。

至于在我们的选段中出现时间甚少的四凤，也让我头疼了很长一阵子。感觉手中的牌只剩下李烨，但她更适合演侍萍。其他的姑娘，谁敢演四凤呢？最终我选择了感觉更适合也敢于表现自己的常元，但常元并不同意无条件出山，这事儿牵扯到了当时正在进行的另一场排练。记得某晚给她打电话劝她出演，她说："如果你同意反串，我就演四凤。"为了话剧节我也顾不了那么多了，于是裹着床单，硬是演了一节课的公主，终于得到了她的应允。

接下来就开始了艰苦的排练。庆幸招了邹子圆和雷阳雪当导演，她们对于这份工作还是很尽心尽力的。没有排练场地，很多时候都是她们抓着需要的人去车库的角落里练。可以看得出来这是大家都在乎的事，所以每个人都很用心地去做。随着公演的日子一天天地逼近，大家的排练水平也越来越好。

不和谐的声音也不是没有，每次想到这里我都觉得十分抱歉。在临近公演前的某日，我借到了人艺出版的那本《雷雨的舞台艺术》。看过之后，我发现原来很大一部分走位设计得不如书中所说的合理。所以我便建议把这些不合理的走位推翻，改用人艺的走位。这事儿自然遭到了邹子圆雷阳雪的反对。我也明白，一是临近公演，这样的大变动真的不好，二是原来的走位也并不是不可以。为了这件事我们有过激烈的讨论甚至争执，最终以我的一意孤行结束。

说说临上台前几天发生的事。一是准备道具，为此我和臧成姝特地跑了一趟天意，买了很多奇怪的道具……蘩漪需要一件雨衣，但是现成的雨衣并不适合那个年代。也为了省些经费吧，我们买了布，打算自己制作。那件雨衣做得确实完美，谢谢你们为它付出的努力，即使它只在场上出现了那么一下。

二是制作海报，又是我和小臧跑到二附那边找到了便宜些的海报制作商。那张海报是李烨P出来的，感觉效果很棒，当然，除了个别人的表情略显诡异，这里就不点名了，我想大家都懂的！

公演前一周的周末，我们加了一个下午的排练。记得那天在京味楼一人一碗炸酱面，也记得那天奡哥发飙跟张鹏光对骂。纵使如此，有一点我还是欣慰的，大家的心是齐的，大家想让这个戏演好。有了这样信念的我们，便没有什么不可以战胜。

一次次地从接手一个剧目到在后台目送演员们上台，这个过程中总有很多触动我的画面。其中我最喜欢的，是备台时各位演员的脸。可惜那天在后台我并没能踏踏实实地欣赏这一幕，幕布成了我公演那天最大的敌人。先是少了需要的那块幕布让我在黑暗的后台忙了半天，还不幸遭到了韩叔的呵斥。接着就是奡哥上台时找不到幕布口闹出了笑话。不过，奡哥的忘词才是最可怕的事。张鹏光幸亏在一阵沉默后想到把那句话跳了过去，不然我都不知道这场戏该怎么结束。幸好除了奡哥的不在状态，双儿，秦达然，张鹏光都算得上正常发挥。李想公演的那天发挥地远超出他平时的水平，这和他的努力分不开。当然，或许也因为第一次踏上这舞台的兴奋吧。我由衷地欣赏这些一上台就兴奋的演员们。我们圆满地完成了这出戏。

不管结果怎么样，不管外界怎么说，我始终都认为我们是最棒的。李烨那天演完后喜极而泣，其他人的喜悦也都挂在脸上。一帮汉子被我拉到道具沙发上坐下，所有人围在一起拍了照，只是可惜，少了急着去参加爱心跑的张鹏光。

谢谢，谢谢所有人。双儿、秦达然、李想、奡哥、张鹏光、常元。谢谢台下的唐雨霏、臧成姝、张雅淇还有亭姐。谢谢邹子圆雷阳雪，还有忙这忙那的李烨。没有你们便没有这出好戏。我要谢谢你们，更要谢谢你们对戏的热爱。

时代在发展，现在没那么多人愿意看戏了。但我为戏向这时代发出邀请。就用话剧社那句流传了多年的话吧："来看戏吧！戏是自由的！"

7. 你会如何回忆我，记暂忘苦读的新年联欢会

文 / 左云龙

我是左云龙，现就读于北京大学国际关系学院。我平常不喜言语，但脸上总是有着天真的笑容。我做事比较喜欢思前想后，于是可能会有些拖拉，但认定的事情非常执着。我喜欢空闲时间自己做几道小菜，我喜欢跟最好的朋友一起去旅行。

寄语：高中阶段，你可能会遇上真正意气相投的人可以成为一辈子的朋友。

忽然发现新年联欢会也如这文章一样，一年一次，里面承载了我们多少欢乐与感动。其实，每年的新年联欢会便是我们8班为8班自己写下的年终总结。记住一个班，或许记住的便是这个班的新年联欢会。这个班的人心齐不齐，就看这个班的联欢会好不好。

临近新年，永远是四中学生最幸福的时光。暂时忘却期末考试的烦恼，换上精心准备的礼服参加新年舞会，迎接即将到来的三天假期，最重要的，还是那“蓄谋已久”的、每年一度的新年联欢会。

提前一周，班长、文艺委员就已经开始紧张筹备新年节目了。冷不丁你就会被班长热情地叫住，灿烂的笑容背后往往就是为你“量身准备”的节目。如果这时碰巧高老师在旁边，稍微吐槽几句，得嘞，

你彻底就跑不掉了。当然，这并不是说我们班同学缺少才艺，事实上最后总是时间不够，3个小时的时间根本不够我们班这些“大腕”轮番登场，各显神通。

每年的最后一天，可谓是暴风雨前的宁静，交响乐前的序曲。每位老师都非常配合地不再教授太多内容，因为他们知道我们的心早就飞到明年，飞到新一年的联欢会去了。下午4点的下课铃，即是大战前的号角。所有同学各司其职，有打扫卫生的，有吹气球的，有挂拉花的，有做视频的，有做ppt的，有试麦克风的，有没事瞎指挥的，有瞎捣乱的，有打酱油的，班内一片鸡飞狗跳、欢乐祥和。当然，吹好了气球就是用来踩的，试好了麦克风免不了要亮几嗓子。于是一片人声混杂，倒也乐在其中。当摆好最后一把椅子，贴好最后一个气球，往往已经六点多了。留下参加舞会的同学坚守阵地，准备工作可以说就告一段落了。这时，空旷的教室便派上了用场，练练舞啊，照照相啊，班上那些偶尔喜欢臭美一下的帅哥靓女，也在这里留下了颇有气势的照片。

新年的第一天，因为太过兴奋，七点钟便已来到班里，此时虽然距离联欢会开始还有一个小时，可是这宝贵的时间怎能浪费。聊天的聊天，打牌的打牌，各种电子设备也悉数登场。最紧张的还是主持人们，一遍遍地熟悉主持词，核对ppt。最后，只待班长一声令下，万众瞩目的新年联欢会便开始了。

首先是高举社会主义旗帜的子言同学的ppt，一轮红日伴着新闻联播的音乐冉冉升起，不知道的还以为新闻联播改早间新闻了呢。当然，有逗哏的就有捧角的，这个光荣而又艰巨的任务便落到了“主席”同学头上了，不仅要被侵犯肖像权，还要在台上做苦力，念涛哥的新年致辞，唉，悲剧人物呀……

打响第一枪的永远是宇驰的周杰伦经典:《晴天》《烟花易冷》《夜曲》。带有磁性的男低音回荡全场，也充分让我们领略了降调的力量。

接下来便是游戏与歌曲的时间了。抢椅子，孤岛生存，比划猜词，瞎子背瘸子，一位位游戏达人同台竞技。当然坐在台下的观众也不能掉以轻心，说不定下一个倒霉蛋就是你，当然高老师也不例外。

要说唱歌，那我8班可谓是经典与流行兼备，实力派与偶像派云集。臧姐，唐姐，李卉，任可，天一，楚楠，老谭，马川，鼎哥，涛哥都曾在这个舞台上一展歌喉，男、女生宿舍偶尔也客串一把。当然最耀眼夺目的，还属我班两大人气巨星——崔颢与博洋的巅峰对决：逢会必唱，有你便有我。你有《蒲公英的约定》，我就有《不能说的秘密》。大不了可以一起《寂屋出租》。台上赛歌喉，台下抢气球。此时的气球意义可是非同小可，往往是气球一上，调升八度。观众们有的是“当仁不让，舍我其谁”，抓起气球就上。有的是“众望所归”，全场的气球全被推到他（她）一个人手里。唉，群众的眼睛是雪亮地，舆论的力量是不可忽视地。

当然，新年联欢会少不了搞笑元素，除了上面提到的“主席”同学之外，“总书记”（刘双城）也是每次联欢会必不可少的。都记得第一次联欢会上那一首惊艳全场的《水手》，想必那便是最早的神曲了吧。此后“总书记”又多次变换形式，从变魔术到诗朗诵，也不知那首《当你老了》究竟是念给谁听的，或许那位听众现在还未出生吧。

最后无一例外，新年联欢会在高老师的讲话与歌声中结束，之后便是各回各家，各找各妈。吃饭的吃饭，打球的打球，看电影的奔西单。一次圆满的新年联欢会就这样落下帷幕了。

行文至此，不禁想到黄老师曾经给我们留的作业：《我的2009》，《我的2010》。不知道又有多少同学写了《我的2011》呢。忽然发现新年联欢会也如这文章一样，一年一次，里面承载了我们多少欢乐与感动。其实，每年的新年联欢会便是我们8班为自己写下的年终总结。记住一个班，或许记住的便是这个班的新年联欢会。这个班的人心齐不齐，就看这个班的联欢会好不好。

将来我们走入大学，很多人或许都要担任班级工作，那时我们还要筹备自己的新年联欢会。当我们缺乏创意，一筹莫展之时，打开当年的联欢会ppt，看一看，乐一乐，或许一下便有了灵感。每一次的联欢会，都是我们8班同学智慧的结晶，也是我们永远不会过时的回忆。

8. 青春就是走遍天下的雄心，记国外游学

文 / 任　可　秦达然

四中的假期从来都不寂寞，我们和远方有着无尽的约会。你想问那边风景如何？就让他们的眼睛带你一同观赏这大千世界吧！

我是任可，曾担任8班文艺委员，现就读于香港浸会大学理学院。我平时喜欢听音乐、唱歌、摄影、运动，是浸会大学普通话辩论队的一员，还学习一点剑道用来强身健体、磨炼意志。每次在学校旁边的九龙仔公园跑步的时候，都能回想起在四中冬锻长跑、做部位操的情景；在图书馆自习的时候，也会想起四中虽不大但学习气氛非常浓厚的六边形自习室。

寄语：三载一瞬，轻叹岁月悠悠；似水年华，心底温存永驻！

高一暑假，我与好朋友邹子圆随学校到美国参加太空夏令营，开始我们美妙难忘的假期。

纽约的繁华，华盛顿的大气，费城的舒适，加州的惬意……耳机里响起的是Bob Dylan婉转的口琴演奏，眼前是独特的都市格调。那种美无法准确描摹，那种心灵的触感，就像淡淡的清新，轻轻的叹息。

在美国中部汉斯维尔参加太空夏令营的几天，是此行最难忘的经历，和来自世界各国的伙伴们朝夕相处，参加各种各样有意思的活

动。宇航员训练和航天飞机模拟发射是我的最爱，穿上宇航服在模型里完成每项操作、每个实验、每个指令，成就感和神圣感油然而生。第一次深切地感受到，科学的山峰那么巍峨迷人，想要完成伟大的事业，完美的团队，出色的伙伴是多么的重要！

当然和同行的朋友彻夜畅谈，在好莱坞迪士尼放肆大笑的记忆，现在想起也会不由自主地扬起嘴角。青春就是如此吧，走遍天下的雄心，敏锐感性的神经，人生理想的顿悟，笑语、欢声，最重要的是，有朋友在身旁。

我是秦达然，曾任8班团支部书记，现就读于中国地质大学（北京）地球科学与资源学院。我兴趣爱好广泛，热爱旅行、阅读、音乐、运动、话剧艺术，2005年获中央音乐学院钢琴业余水平考试九级通过证书，2010年曾参与中学生北极科学考察活动并与同学合作完成有关北极植物的论文。

寄语：做自己喜欢的事情，喜欢自己正在做的事情。

凌晨1点多，在甲板上看“日月同辉”，想想就觉得惬意，四层的甲板上只有我一个人。毛衣外套着一件夹克衫，让并不犀利的风从领口灌进来，依着栏杆，眺望远方。

晚霞淡淡的红色，虽不浓郁，却在云层和山顶的雪上面涂抹得十分均匀。天至蓝，水至清，天空中高高悬挂着的月亮让我疑惑了许久，又欣喜了许久。那样壮观至极的峡湾风光，真的是太漂亮了。

这样的地方，容易让人抛却烦恼，心无杂念，回归自然。如果月亮和晚霞能够搭配得如此和谐，如果霞光和山峦能够辉映得如此洒脱，如果一浪接一浪的水波推向天边，可以让天地如此统一、如此和谐地结合在一起的话，那么，人还有什么可以和大自然争夺的权利？人还有什么值得炫耀给自然看的资本？没有的！不需要有，也不可能有。这样的伟大不是人工可以雕琢出来的，这是大自然赠予我们的奇迹。作为人类，唯有珍惜。因为看过这样的景致才会明白，人们曾经多么不可一世的成就也终究是太渺小了。站在甲板上的时候，起先是“陶醉”，是“忘我”，而后是“惊叹”，是“折服”，最后，化成物我合一的交融。在目光的极远点沉思，自然，是上帝最珍重的礼物。

9. 精英就要担好肩上的责任，记青海修学

文 / 岳 忱　王智丰

每年的高考周，北京四中各年级都会有主题活动，8班在高二的高考周赶赴西部与青海约会。一路上同学们怀揣着“精英的责任”踏上那一方土地，亦让这五个字永远镌刻在我们的血液里。

我是岳忱，现就读于清华大学工程物理系。我一直是个很活跃的人，希望不论遇到什么，自己都可以勇敢面对。喜爱音乐，弹得钢琴，尤挚爱巴赫。我喜欢尝试新鲜的事物，不丢弃逐梦的力量，愿让不同的、更多的人生经历磨砺自己，拥有更广阔的人生。

寄语：不要因错过精彩的青春而后悔。

藏族的文化于我，至今仍未揭去神秘的面纱。高原，更让其多了份缥缈缭绕的氛围。我不甚知宗教，甚至在初看到全民虔诚的匍匐与叩拜时不知所措。然而，人生在世，一份信仰，自是每一颗孤独的心灵在茫茫尘世可以回归的寄托与依靠。藏文化博物馆中，一份六百多米的唐卡，无法不让人对这个民族的伟大与源远流长的力量动容。很难想象，在每一立方厘米的画卷上，藏人是如何用两千四百多笔的色彩来勾勒他们心中的那一尊尊罗汉与佛像。最单纯的东西，往往来自于心中那片无邪的净土。

青海湖，可以说是此行最真实最重要的目的。而我在此时，挣扎于是否能写下它。再美的语言都无法企及它的万分之一。记得上选修课时刘葵老师的一席话：“恐怕只有人，才会在见到美景之时感动得热泪盈眶吧。如果你还能做到这样，那么就庆幸吧，自己还拥有一份纯真。”我不想这样说，这里，青海湖是我此生见过最美的地方，从望到那抹蓝的一瞬间，我已无言。于是给母亲随即发去一条短信，却搜寻不出任何的词语。于是只剩下四个字，“无以言表”。身边，是嘈杂的车厢，喧闹的音乐。侧过脸，望向窗外，世界已不复存在。蓝色，蓝色的天空，蓝色的圣湖，一抹云线。再向近驶去，却发觉那蓝色的湖面，不知是因云，因山，或是因我，带给我不同的感觉。阖上眼睛，想尽力保存住这一切，但已是徒劳，这样的美丽无法复制。近处的山是墨绿的，远处染的却是紫色。我想，若真有水怪，守着这方西王母的瑶池，也必然无所求，一定是一个幸福快乐的水怪吧。

可惜再美的景色，终究还是变成了一个景点。大自然给我们最珍贵的东西被人类换成了钞票。电瓶车，双人单车……都在叫嚣着拉客。我还是情愿用我的双脚一点点踏近这片圣湖。用指尖轻触湖水，是咸咸的味道传来，不似海水的苦涩。想带回一瓶水，却又想到，瓶中装不下那湖。

回途中，偶然瞟向窗外，云已给连绵的群山穿上黑色的大衣。很喜欢在暖暖的阳光中，嗅着沁人心脾的牧草的味道，飘来一缕缕凉凉的清风。有种感觉，仿佛世界属于自己，由衷的踏实与幸福。

忙碌的晚上，开始在为明天去往学校交流的事情商讨。欢颜笑语背后，藏着一颗惴惴的心。无法想象明天的景象，无法预知在面对当地孩子们时一切可能发生的事情。他们感受的世界，之于我们又如何去体会？同样是遥远颠簸的路途，怀的却是不一般的心情。山路，小小村庄，农村的生活并非只是田园的美丽，更多的，还有生活的无奈与艰辛。

六个人伴着一位当地的老师和一个土族孩子上路了。很安静的男孩子，和城市中的同龄人相比，格外瘦小。家里很有温暖的感觉，只是少了男人。在土族孩子的家里，老师讲了很多。在这个几十年未遇的大旱里，田里的收成已是无望，虫草也少了很多，男人们要去工地打工。谈话间，主人家已端来几张大馍。我们一个人分到的已是全家人一天的口粮，不忍辜负这般的热情，很尽力地咀嚼。还有格外香的炒鸡蛋，未曾吃到过如此自然的美味。心中却不甚安，一直操劳着的他们，给我们的，全部都是最好的。在这个彩虹飞落的故乡，在这户普通的土族家庭身上，才看到人与人的关系，可以这般真诚透明。

我是王智丰，现就读于复旦大学环境科学与工程系。我从小到大活得极其纠结，热爱思考各种鸡毛蒜皮的小事并难以自拔。我好交友，喜读书，爱旅游，贫得不行。典型的双鱼座男生，爱幻想，情感丰富。高中的三年不够刻苦，能来复旦已经非常知足。目前不迟到、不翘课、不抄作业，是努力学习的好学生。

寄语：怀揣梦想，努力前行。

几个小时的车程后，终于到了西昌冕宁。在进入胜利学校交流之前，我们先去了一位初一学生家中。去这位学生家所见的情境，我真的不忍心提起。院子里的苍蝇到处乱飞，空气中弥漫着猪、狗、鸡、鸭的气味。一间漆黑的小屋是唯一一间住人的地方，一张床，一张破旧不堪的沙发，一台落满灰尘的电视，这就是全部的家具。

忽然感到自己的无力，也痛恨自己的虚伪。这样的参观算不上体验，而只能让我的心情变得沉重。“人生来就是不平等的”。现在的我能做些什么？目前我们只能接受现实的差异，我只能祝福他们，我需要看到一些希望。还好，在当地的胜利学校，我看到了教育的希望。真的希望教育能改变这些孩子的命运，能给他们带来希望。

去漩口中学举行悼念仪式，情绪比预期的还要低落。精英的责任？我们都做了什么？为什么地震死了这么多的同胞？为什么映秀变成了旅游景点？为什么总是会有人非正常死亡？今天一张照片都没照，不敢掏出相机，不敢多看一眼那片废墟。走出漩口中学遗址的大门，听到旁边的游客说了句“北京四中”的。心忽地颤了一下。我感受到一种使命感、责任感。我们是别人眼中的“精英”，因而肩头就要背负比别人更多的责任。想起来那句话：只要天下还有苦难的人，就是我们自己在苦难中。

10. 野蛮生长，记让我们换种活法的军训

文／马　川

我是马川，曾担任8班电教委员和生活委员，现就读于香港城市大学能源与环境学院。我性格平和不喜怒，爱运动，擅长足球、短跑、中长跑。擅长唱歌，曾在高中合唱团任男高音声部长，曾取得四中卡赛第一。业余时间爱好漫画、小说，并有两部短篇作品投选金龙奖。

寄语：坚持梦想。

如果每天的任务不再只是做题，也许我们早就发现了真正的生活便是如此一番样子，每天都能累到不行，然后一头倒进并不柔软的枕头里，虽然苦涩，然而充实。

军训是骄阳烈日下的辛酸，军官呵斥中的苦涩，是早餐只有馒头酱豆腐，是将近十天没有酸酸甜甜的饮品，是不急忙地抢就只有锈黄样的水喝，是热到不行却不敢病倒，捏着鼻子喝下奇葩的十滴水，吃到西瓜的那一天竟成为了我们最幸福的一天——这是我眼中的军训。

怎么说才好，或许我们早就忘记了这样的生活，如果每天的任务不再只是做题，也许早就发现了真正的生活便是如此一番样子，每天都能累到不行，然后一头倒进并不柔软的枕头里，虽然苦涩，然而充实。床头水壶中摇摇晃晃地装着四分之一块泡腾片沏开的饮料，对于我来说并不陌生，那味道也只是比十五元的运动饮料再淡一点罢了。

还记得崔颢生日那天，我们给他沏了一杯半片的，外加上一块王老吉润喉糖，瞬间感觉奢侈到不行，仿佛那会儿中国刚改革开放，我们已经是万元户了。

每晚熄灯时，场院的广播总是循环播放着萨克斯风的《回家》，那时我们洗去了一身疲倦，正在动手记下一天的体验，十分应景，记得在当时的日记里自己也用到了这个词：应景。我们只是用眼看的人，这个军营里的教官们才是离家的游子。还记得那首《绿花》吗？那朵只为他们开放的小花，是经年累月中思念的寄托，对吧，就算从未迈出过家门，我们也不该忘记这种寄托，不该默默燃尽在混沌的尘埃之中。

歌咏那天下雨了。蹲在水泥上面排队时，分明看见了一道撕裂天地的光，我惊愕了，每每在家中适逢雷阵雨，总是小心翼翼地关上电器，只怕那空气中的放电现象进到我默守着的小屋，却从未想过，那闪，竟也这般气势凌人。

于是，唱歌时我便想，若是没有站在这里，自己也许会继续浑浑噩噩下去，雨中身旁人的脸上却是一副绝不服输的坚毅表情，教官好像看穿了什么，又板起了脸。

走的时候，我哭了，并不是为了离别，我的内里告诉自己应该留下一两滴泪。我们什么也带不走，只是逃出来又该返回去的过客，不过却领悟了一个真理：只有生活才能够雕琢生活。

11. 学会选择，记我的十八年

文 / 王博洋

十八岁成人，意味着全新的责任。过去的点点滴滴串联起来，祝福着那星光灿灿的未来。踏实、本分、不虚荣、不做作。我愿用自己的一生去诠释一个信念，这世上总有真正的灵魂得以永存。

我有记忆大概就是三岁。那之前的事情应该是全都忘了。三岁，那会家后面的公园还不是现在的奇石馆。那里面有一个很大的荷塘，爸妈带着我去，我便拾起地上的石子扔进去，说要把荷叶打出孔。后来，公园改建了，荷塘也没了。我记得那天晚上爸说，唉，以后再也看不见荷花了。我也唉声说着。那时也就三岁。现在想来可笑，但又的确觉得，三岁那会忽然有“伤感”的情绪，是件很神奇的事情。

第一次上幼儿园是妈送我去的，那天哭得很厉害，到了幼儿园，妈把我放下，我就又哭喊着要幼儿园的阿姨抱。妈笑着交代了些事情就走了。我跟几个小朋友去另一间屋找小水杯接水喝，把眼泪往肚子里咽。

在幼儿园的生活很快乐——那是我唯一记得的脑子里空空如也的日子。我从幼儿园开始就不是个讨人喜欢的孩子，可能现在是了，那也是我许多年板着自己的结果。中午午休时，我总不睡觉，把自己衣服上、袜子上的线头拔下来往天上吹，不亦乐乎，记得我的袜子没几天就被拆坏了。幼儿园老师是希望我们好好睡觉的，然而我却总是怎么也睡不着，也不想睡。当时好像有个好朋友叫张珊。我们一起管发玩具的活。去年路过幼儿园时，我又趴在铁门上向里看了看。一切都是小的，楼也不高，滑梯也都小得很。我想，它们变小了，说明我长大了吧。

4岁得了心肌炎，虽说现在早已无事，但在当时是件很重大的事情。有半年就没再去幼儿园。当时很害怕住院，那个医院住院好像的确不让家长陪。住院的第二天早晨，爸拿来了一个芒果，很好吃。

那些年，周末妈都会带我去公园玩。景山、中山、地坛这些都是最常去的，一开始我很喜欢，后来慢慢厌倦了，以至有时还会发脾气不爱去。

印象里爸工作比较忙。每天晚上爸回到家，我就缠着他跟我玩，比如下棋什么的。晚上躺在床上，爸就给我讲什么什么精的故事，都是他自己瞎编的，狐狸精、狗精、猫精什么的都有，但爸唯独说兔子、龙和鸡这三个动物是最好的，成不了精，当时以为很神奇，长大后，明白那是因为爸、妈、我分别属兔、龙和鸡。

2000年一个晚上。爸去世了。那或许是我人生的一个转折点。从此，我的人生中便走了一个人，我也因此缺少了最厚重的一份爱。这大概是永远无法弥补的了。好在妈跟我都很坚强，走过了这十年，以后还要再一起走下去。

小学之前我就读了很多书。记得我在一年级前就已经把哈利·波特的前三部全文字书看完了，这在同年龄的孩子看来是不可能办到的事情。我对文字的钟爱始于很小的时候，走在街上，看到任何不认识的字，我都会问大人那个字是什么。当一年级开学的时候，班主任张老师站在前面说，大家是不是从来没有见过这么多的书？我心里奇怪，这些书有什么多的？现在想想惭愧，从中学决定放弃学文的理想而学理，我基本都是在做题中度过自己的阅读时光了，书是读得越来越少了，因此人大概也越来越浅薄。

小学总是犯事儿。一年级时，跟同桌一起把前桌的铅笔盒偷偷从窗户上扔了出去，就因为课间操加餐时他抢了我们的加餐奶瓶盖。四年级和同学在班里扔水瓶，不小心飞出窗户砸到了教学主任的头，人生第一次写了篇400+的检查。五年级上课传纸条被老师抓住，又被骂了一番，于是一气之下把自己上午刚领来的三好生奖状撕了个稀烂。现在想起来，好像根本就不算是什么事情，但在当时却因此很惧怕，因为我总是惹各种各样的事，又总是被老师说得很重。

小学放学后的时光是快乐的。每天我们都会准时约了在楼下玩，这里的“每天”，真的是小学六年中的几乎每一天。我和三个小伙伴在一起能折腾什么呢？院里的自行车棚让我们当成了足球门，前面的一块空地便是足球场。那个时候还没有那么多人有车，院里还是相对空旷的。真人CS，飙自行车，非典时玩的“三峡工程”，原始战争，都是在这个院里开发出来的。记得我们一二年级的时候，院里有几个五六年级的大孩子总是欺负我们，不是抢我们的球，就是在我们骑车玩的时候抢我们的车。有一年下大雪，我们几个在院里堆起了一个小雪坡，坐在小木板上往下滑，结果一个大孩子过来几脚就给我们踩毁了。当时觉得他们可以算是这世界上最坏的人了。等我们大了，慢慢地他们都不知去了哪里。就在前一阵，我放学回家，在院里见到了当年其中的一个人，他现在都没我高了，又显得很瘦弱，我实在无法想象当年他如何欺负我们。

记得当年的我们看见那些上了中学的大孩子五六点才放学回家，觉得他们的生活惨得毫无乐趣可言，五六点我们都玩累要回家了。然而现在我早已走上了同样的道路。不同的是，当我回来的时候，再也见不到有比我小的孩子在院里玩了。那车棚顶斑驳的球印还是几年前我们留下的。我想，我们真的是最后一批在楼下踢球的小孩吗？

现在的小孩子都在做什么呢？大概都蹲在家玩电脑呢吧。有谁出来踢球呢？

小学那几年，我经常回老家。老家是我记忆中最温暖的地方之一。在城市里呆久了，自然会向往那些山水。爷爷好像生怕我忘了本，每次我回去，都一遍遍对我说我的老家是哪个县、哪个乡、哪个村。回去的时候，哥哥姐姐弟弟妹妹一大群，那种快乐是难以言表的。现在长大了，回去时，便是客气多了些、厮玩少了许多。

从小学开始接触奥数。从开始的喜爱动脑，到后来明白应试道路险恶后的厌恶，到最后走上这条道路，用了很长时间。学到中间，我似乎明白自己脑子并不是聪明的，自己也许并不适合这样的道路，但是却又不服输地走上了。从小学到三帆的实验班，从完全不开窍到最后转而坚定了学理，这其中走过了多少不平的路，是只有我自己一人知道的。至今我已完全爱上了自己所学的东西，这无疑是一种幸福，而这种感觉，是从小学一直培养到现在的。可惜的是，我终于放弃了最初学文的梦想，这中间又对不起了多少人。

初中是对我改变非常大的一个地方。一群很铁的哥们，三年华丽的演出。我已数不清我们获得了多少第一，学习上、竞赛上，还有运动场上。那个地方使我的个性变得健朗，我爱上理性、爱上体育运动。初中三年我的身高从155蹿到180，然而上了高中以后却又变成每年1厘米的速度。不管如何，运动带给我的快乐已胜于所有的其他。对我来说，还能够奔跑、投掷，还能够听着风声、欢呼与尖叫，还能够把手掌叠在一起喊出一二三加油然后站上各自的跑道，然后默契地等待着那个注定了的胜利和欢笑，是积淀在我心底最快乐的回忆。那些时候，阳光那么好，青春那么好。

2007年元旦清晨，老家打来电话。“爷爷老了。”是四叔的声音。

下午飞回去时，见到的已是躺在棺材里的爷爷。我忽然意识到，长大了，不知会有多少人离我而去。这种悲伤多次刻进我的心里，我只好接受，但愿人长久。

初三的最后，抱定了报考四中的决心。我有时候是执拗的。中考前，我意识到自己要做一件大事。一切准备都做到了最充分。最后的那一场，我考出了自己十几年最好的水平。一分也不能再多得。我意识到梦想成真，那是一种只要你真的想做，没有任何做不到的感觉。

好久没有陪妈逛公园了。是真的好久。那天妈忽然说，景山公园的花又都开了，去看看吧。我便陪妈去。看到那些盛开的花，我忽地被猛击回小时候，泛黄的底色，我扬着手，在公园的青砖路上跑着。

高中三年过的很快，我总在不断明白一些事情，总在不断惋惜一些事情。这个世界留给一个孩子做梦的时间，似乎就截止在了高中之前吧。我做了很多选择。学生会的落幕伴随着物理竞赛的失败告终。高一的北京市前十，到后来的自己放弃，经历了许多波折。很遗憾，这么多年的竞赛生涯最终是这样结束。但人总要做出选择。学代会前一周，碰巧看到女部长写的篇日志，居然险些看哭了。我从不觉得这两年，优秀干部、年级前十、优秀生、竞赛一等奖是我所真正需要的。相反，在褪去所有光环的时候，有人能够写道"wby好像很爱欣赏自己的工作成果，941奖学金小报贴出来后，他总在那看呀看""刚一挂电话，wby说了50分钟，以后估计不会再这样了。wby还总在电话里唱歌哼歌，想起这个就觉得想笑""wby请客"。所有这些温暖充盈着我，是我最需要的东西。我只想跟8班这个班在一起，只想跟竞赛的哥们在一起，只想跟学生会的伙伴们再干一年，只想跟两年来陪我在操场打球跑步到很晚的兄弟再多呆一会，只想跟家人、师长再多在一起。生活本不需要什么目标，生活就是生活，没必要让你去赋予它什么意义。所有肮脏的欲望、无聊的竞争被剥离后，生活是像流水一般的平静与温暖。我无比渴望平淡如水的日子，无比渴望可以永远和这样一群人相伴。能被这个世界所包容和接纳，已经是我最大的欣慰了。

十八岁成人，意味着全新的责任。过去的点点滴滴串联起来，祝福着那星光灿灿的未来。踏实、本分、不虚荣、不做作。我愿用自己的一生去诠释一个信念，这世上总有真正的灵魂得以永存。

12. 最珍贵的东西是爱，十八年才明白

文 / 李楚楠

那些爱我的人，那些我爱的人，你们是我十八年里最为宝贵的财富。在人生的旅途中，我一定不会让你们失望。

人生的前十八年里，我所领悟的最为珍贵的一样东西，是爱。

我爱我的父母，是你们赋予我生命。你们给我一双清澈的眼睛，让我看到花开花落；你们给我两只灵敏的耳朵，让我听到海涛虫鸣；你们给我一双灵巧的手，让我触摸温泉寒冰；你们给我两条健壮的腿，让我走过高山幽谷……最重要的是，你们给我一颗聪慧的心，让我探索与思考世界的奥秘，让我感受这个世界的真、善、美。我的一切一切，都来源于我的父母，你们是我人生的起点。你们不仅给了我衣、食、住、行，更给我无尽的爱，滋润着我的心灵。你们表扬那个好学的我，批评那个贪玩的我；你们为成功的我欢呼雀跃，你们为生病的我彻夜难眠。每当我翻开微微泛黄的相册，抚摸着那微微褪色的照片，看到你们为我做的一切，尽管只是冰山一角，也足以让我潸然泪下。回忆如梦境一般模糊而美好，多想依偎在妈妈温暖的怀抱，多想酣睡在爸爸有力的臂弯。你们为我付出不计回报，为我着想先于自己。不仅是我的父母，还有姥姥姥爷、爷爷奶奶以及所有陪伴我成长的亲人们，你们给了我无私而伟大的爱，我要用我的爱回报你们。或许我不能给你们金银珠宝，但是我一定尽力让你们过上幸福的生活；或许我不能给你们琼楼玉宇，但是我一定会把这个家搭建成一个温暖的小窝；或许我不能随时陪在你们身边，但是每逢节日我一定

会回家团聚。我爱你们，我的亲人。

我爱我的朋友，是你们帮助我进步。课堂上我们一同讨论问题，生活中我们分享喜怒哀乐。还记得在自习室一同拼搏的日子，还记得篮球赛、足球赛上我们挥洒汗水并肩作战，还记得生日宴会上你给我的祝福，还记得伤心时你的慰问与鼓励话语。不是别人，对，就是你，你们，用平凡的小事给我非凡的影响，用亲切的微笑陪我渡过这段艰难的航程。我知道我不是一个很外向的人，我的世界很小，但正是因此你们每个人的存在都是那样独特而珍贵，你们每个人在我心中占据的空间那样广阔。感谢你们倾听我的心声，朋友之间无需多言，一个字，一个手势，甚至是一个眼神，就能架起一座心灵间的桥梁。十八岁的我，要对朋友承担更多责任。再也没有争吵，我要用我的微笑包容彼此的误会；再也没有爽约，我要用我的诚信回报你们的信任；再也没有隔阂，我要用我的真诚给你们温暖。我爱你们，我的朋友。

我爱我的老师，是你们教会我做人。“师者，传道、授业、解惑也。”“传道”居于首位，不正说明老师对学生人格培养的重要性吗？黄老师的风趣幽默，让我们学会乐观看待问题；李老师的条理清晰，让我们学会做事时有条不紊；范老师的耐心体贴，让我们学会随时关心他人；厉老师的一丝不苟，让我们学会严谨地处理问题；高老师的紧张有序，让我们在学习与工作中保持高效；陈老师的学识渊博，让我们学会了不断充实自己；还有曾经教过我们的险叔、利剑，他们的人格魅力同样令人难忘……我想，四中的老师真正做到了为人师表，在潜移默化中让我们成长。老师们教给我们的不仅是知识，还有能力；不仅是能力，还有做人的准则。比如，说实话高一开始时我对厉老师的讲课方式真的不太适应，总是不明白为什么他总是那么慢悠悠的，一道可以口算的容易题也非要列出一串长长的式子来求解，一个早已熟记的公式也要半面黑板来推导。

于是，我经常上课睡觉，作业也按照自己的“简单”方法去写。每次厉老师批改作业时总要认真修改我的每道题，补上必要的过程，甚至用正楷字体工工整整地在每道题前面都写上一个“解”字。可我觉得反正结果没错，何必为这些无关紧要的事费尽九牛二虎之力呢？就在我志得意满，自我感觉良好的时候，考试成绩却猛地泼了我一头冷水。不仅容易题漏洞百出，对难题也只是一知半解。突然发现自己因为跳步而漏过了许多重要的过程，对许多公式看似认识，实际理解不到位，一到运用就不知所措。看到物理组直到天黑还灯火通明，我觉得我实在对不起老师的辛勤付出。

第二天物理课我一直萎靡不振，看到老师走过来，我做好了接受批评的准备。可厉老师却仍带着亲切的笑容问我：“怎么了，哪里不舒服吗？”我突然觉得好温暖，老师的关怀如春风般抚慰着我受伤的心灵。当得知是因为考试成绩不理想，厉老师仍然慢慢地说道：“没关系，只是一次考试而已，只要按规范去做，一定可以考好的！”那一刻，我看到厉老师依旧带着那亲切的微笑，仿佛没有什么能让他动容。这微笑就像是永恒，不断地擦去我心中的沮丧与愤懑，给我以无尽的希望。现在，我已经习惯了按照规范做题，处理事情时也可以不带火气，蓦然回首，我发现我长大了。而这和厉老师的关心与努力是分不开的。我想我回报老师的最好的方式就是考出好成绩，做优秀的四中人，将来成为杰出的中国人。我爱你们，我的老师。

那些爱我的人，那些我爱的人，你们是我十八年里最为宝贵的财富。在人生的旅途中，我一定不会让你们失望。即使路上遍布荆棘、惊涛骇浪，我也要坚定地走下去，无怨无悔！

13. 高考后一定要做的十五件事

高考结束了，我们的生活之路还很长，为规划好从高考结束到上大学这一段一生中最宽松、闲暇的时光，我们发动全体高三教师为大家提供一些考后攻略，就算为同学们在四中的学习生活提供的最后一次服务。

用前三天的时间睡觉，整理内务，把用过的材料整理，或卖废品，或送给学弟、学妹。千万不要惦记复读，希望大家都能向前走，而不要原地踏步，要知道人生苦短，青春的时光更短，向前走你会有很多机会。

攻略一：反思高中生活，写写回忆录，甚至写写小说，把这三年留给你的种种印记进行梳理，这将是一生宝贵的财富。

攻略二：报个驾校，学开车，这是将来生活必备的技能。

攻略三：读书，好不容易不用为考试读书了，体会一下没有压力静心读书的快乐。在读书的间隙学着为家人做饭，至少学会做三样特色菜，6~8月，每月学一样，多次实践，可以请同学到家里品尝，争取成为家庭的“招牌菜”“面子菜”。

攻略四：体重超标的同学，三个月足以改变体型，争取在新同学面前打造新的形象。

攻略五：继续学习英语，可以报个班，也可以自己学，总之不要把英语荒废了。最好定个目标，比如考个级什么的。还可以利用假期多看些英文原版电影，《黑天鹅》《国王的演讲》都不错。语言是你走向世界的基石。

攻略六：做一个游学的方案，走大好河山，开阔心胸，在游历中释放心灵。从现在开始准备一张世界地图，一张中国地图，每去一个地方就画上小红旗，记下旅游见闻，若干年后说不定你就是"王霞客""李霞客"。

攻略七：学一件乐器，练练字，书写是你的门面，音乐是你的朋友。女孩子买一块中等大小的十字绣，给家里做个桌布台布什么的，做女工让你心灵手巧。

攻略八：找个地方打一个月的工，可以是大公司，也可以是小摊位，在打工中体味生活，接触社会各阶层的人，积攒些社会经验。

攻略九：高考成绩超强的同学，你们的经验是宝贵财富，社会上有很多办学机构需要你们这样的小老师，利用暑假给自己找一份家教的工作，从假期开始自己养活自己。

攻略十：开始着手大学、出国留学的准备，提前做一些预习工作。

攻略十一：尝试做一点公益活动，帮助周围需要帮助的人。可以自己联系社会福利机构去做志愿者。

攻略十二：喜欢游泳的报个班，让自己多学一种泳姿，譬如自由泳、蝶泳，以便在大学期间一展身手。

攻略十三：喜欢劲舞的学习拉丁舞，肚皮舞，街舞……喜欢高雅的学习探戈，华尔兹，时不我待啊！

攻略十四：花一段时间调整身体状态，去献一次血，作为十八岁的纪念。

攻略十五：可以借助当地特有的文化资源，走走博物馆，也可以报名参加自己比较有好感的博物馆志愿者考试，并将担任博物馆志愿者作为自己未来几年的生活内容之一，你将从中获益匪浅。

回响

让孩子们在赛事与活动中得到成长

·高　杰

体育赛事磨炼坚强意志

每次看到他们对各种赛事的描述我都会感到莫名的兴奋，似乎又看到了球场上他们一个个生龙活虎的身影。我一直认为爱运动的孩子，心胸更开阔；崇尚运动精神的小孩，意志更坚定。

我自己的学生生涯中最辉煌的奔跑纪录是在北师大研究生运动会的比赛上，我获得了女子800米比赛第二名，第一名是体育运动学院的学生。我对足球最深刻的记忆是在大学的趣味运动会上，我点球三连进。高中三年，我一直鼓励孩子们积极参加各项运动，并尽可能地支持他们的各项体育活动。现在还记得每年的冬锻开始后，我经常犹豫第二天是穿裙子、靴裤还是长裤去上班，基本都是选择了长裤，因为这样方便在课间操时直接换上运动鞋跟学生一起到操场上跑三圈或者四圈。胡进军老师说我们一个冬锻跑出来的路程相当于从北京跑到天津，那么三年下来，我也陪伴这群优秀的少年至少从北京到天津跑了一个来回了，想起来还是觉得骄傲和幸福的！苏霍姆林斯基在《教育的艺术》中写道：“只要人们没有做到以童年的欢乐吸引住孩子，只要在孩子的眼睛里尚未流露出真正的欢欣的激情，只要他没有沉醉于孩子气的顽皮活动之中，我们就没有权利谈论什么对孩子的教育影响。”作为班主任，虽然教师无法完全与学生保持共同的兴趣爱好，但是我一直认为人与人之间的交往，多一份了解就多一份理解。大教育家裴斯泰洛齐曾这样写道：我决心使我的孩子们在一天中没有一分钟不从我的面部和我的嘴唇知道我的心是他们的，他们的幸福就是我的幸福，他们的欢乐就是我的欢乐。我们一同哭泣，一同欢笑。大教育家的境界非常人能及，但是我喜欢我们班的孩子，而且我相信他们从我的行动中应该也能感觉到我对他们的喜爱，逐渐把我当成他们可以信赖的人。

有些孩子来四中后爱上了运动，有些孩子则将原先对运动的爱好发挥到了极致。班里的男孩子因为对球类运动的喜爱，增进了彼此之间的友谊。女孩子们因为对运动的爱好变得更加坚韧不拔，心胸开阔。从高三毕业到高考十几天的假期中，体育运动更成为孩子们解压和调节情绪的重要方式。在我的提议下，我和孩子们在休息时间一起打乒乓球和羽毛球，同时带动了其他班级的很多孩子参与到运动中来。毕业升入大学后，很多孩子又成为了高校球队的运动主力。在北京大学的新生篮球赛的活动照片上，又看到了张霄和左云龙的身影。帮助孩子们培养一项终生从事的体育活动，是北京四中体育教育的目标之一。教育是一项系统工程，一定要为孩子的终身发展做规划和设计。

文艺活动塑造丰富人格

还记得高一高二时有不少孩子跟我说过或者相互之间说过：咱们班除了学习不好，其他什么都好！所谓的学习不好就是在4个实验班中从来没有拿过均分的第一名，最好名次是第二，也拿过第四名。所谓其他什么都好就是合唱比赛拿过所有的综合奖和单项奖，诗歌朗诵也是第一个出场拿第一名，高三还拿了冬锻的总分第一名，话剧社演出从导演到演员包括剧务都少不了8班的人。

我喜欢看到他们多才多艺，我在上中学时也参加合唱团，也曾经在大学的某次晚会上同时担任主持人、独唱和小品演员，也多次帮助院系排练合唱。我喜欢看到每个孩子都有他们的特长，每个孩子都优秀。在8班学习成绩不是评价一名学生的唯一标准，甚至很多时候不是标准，即使成绩相对落后的孩子也会因为品行在评奖评优中拿下全票。在学习成绩和做人之间，他们更看重做人。

我也知道他们不是学习不好。在每一个孩子的档案夹中，我清楚地知道他们每一学科的学习情况，我知道他们学习的潜力。即使在高中阶段，学习也不是评价学生的唯一标准。我不愿意以平均分为借口调走任何一个孩子，我喜欢他们每一个人。

北京四中提出“大气成就大器”的教育理念。虽然多年来高考成绩斐然，但她又是一所从来不只凭成绩论英雄的百年名校，她一直都以学生的全面发展和培养学生的终身学习能力为目标。作为班主任，我认为在这些优秀生的培养上，落实学校的教育理念首先要明确真正的优秀生不仅学习成绩要优秀，更要有健康的心理、较强的实践能力、创新精神，要全面发展。高中阶段的优秀生可以培养成国家未来所需要的栋梁之才，班主任要将优秀生的培养作为一项重要工作进行研究，作为一项系统工程来规划。从高一开始就要全面关注优秀生的性格塑造、心理状况，在班级内营造一种相互欣赏、相互鼓励的氛围，为孩子们提供展示自己多方面才艺的机会，并逐步形成更多元、更合理的评价体系，通过培养使优秀的学生更杰出，杰出的学生更全面。

修学旅行体验精英责任

在北京四中，每一个孩子都有外出交流访问或游学实践的机会。每年新学期开学后，我们会组织一次名为“行万里路”的班会，让孩子们来交流展示假期的活动，接到任务的同学都会精心准备，乐于和同学们交流分享不同路线的所见所闻、所感所想。

在每年的高考周，北京四中都会为孩子们安排相对固定的活动。不管是高一的军训（或社会实践）还是高二的名为“精英的责任”的修学考察一定都会给孩子们留下深刻的印象。高二时，我和班里20多个孩子参加的是西昌线的修学考察活动。在几天的行程中，凉山彝族学校的交流活动给同学们留下了深刻的印象。孩子们在彝族学校组织了一节班会，还记得班会名称是“插上梦想的翅膀”，他们收集到了大山里的十来岁孩子的朴素的梦想，并被他们的梦想感动。看到他们在那么艰苦的条件下，努力地学习，孩子们开始反思自己的学习与生活。临别时，被大山里孩子们眼中的泪光打动，他们承诺一定还会回来。高考结束后，邹子圆同学和其他班级的同学又回到山里的学校支教。这是在践行精英的责任，四中人的责任吧！

北京四中每年大大小小的活动有很多，这些活动在培养学生方面都是有一定的目的和导向的。在组织每一项活动前班主任要充分“备课”，为活动的顺利开展做好铺垫。我一般先找相关的班干部介绍活动情况，然后听听他们的想法，与班干部之间达成初步的共识。然后我会安排班干部做策划和准备工作，并及时跟进和了解准备的情况，若可以分组活动的一定要安排好相应的小组长。活动过程中，老师一定要注意关注但是不随意干涉，并留心细节及时拍照，同时尽可能地参与其中。回到学校后，我一定会及时安排班会进行活动总结，而且总结前要对孩子们上交的材料进行把关。这种形式的班会不能只做成流水账式的展示班会，作为班主任一定要进行点题式的总结，让活动的价值再次得到升华。只有做好充分的准备和精细的善后工作，才能让活动的价值最大化，更重要的是用实际行动教会孩子们如何做人做事。经过一段时间熏陶和锻炼后，你会发现你的学生，特别是班干部他们在为人处事方面的能力会带给你超乎想象的惊喜。

第 4 章

家庭
是孩子健康成长的良港

家长是孩子的第一任老师，孩子的成长离不开家长的抚育和陪伴。引领着孩子一路走来，我们有成功的经验，更有引以为戒的建议。

1. 一盏明灯，照亮一生

文 / 耿思桐母亲

耿思桐最终被清华大学第一志愿录取，结果略微超出了我们的预期。感谢班主任高杰老师积极耐心的鼓励，以及引领8班营造出的良好学习氛围！感谢四中的平等低调和各科老师的辛勤付出。

中考结束后，耿思桐被四中录取。我们对孩子说，四中集中了各区各校人才，藏龙卧虎，虽然你在咱们区里考了前几名，到那里就不可能像初中那样经常拿班级第一了，要向好同学看齐。当时我们对他能否上四中实验班没把握。初三毕业的暑期，得知四中录取后，我还跟他商量，是不是在外边上一个分班考试班，他笑着说："您还打算让我上实验班啊？"的确，我是抱着一丝希望的。之后我们真的荣幸地进入了高一（8）班，这个也略微超出点预期。

当时我们都在想，怎么样度过高中这三年？他爸给他定的计划是，第一年基本上以享受高中生活为主，学习要跟上。第二年要开始加力。第三年要开足马力。

从初中三年来看，耿思桐的特点是脑子够用，学习效率很高，喜欢体育锻炼，但是爱玩游戏，自律能力有点差，自学能力也不强。这反映在不重要的考试总不是太好，但关键的考试总还是能上去。

高一时第一次考试，儿子回来说考了年级一百八十名之后，我说："不错啊，比我预料的好多了！你开始能考到二三百名以内就可以，慢慢来！"接着是第二次，第三次考试，他的成绩一直没有很大进步。其实要说起来，这成绩在年级就是中等偏上点，在实验班里就是最后的水平。我不知道别的家长怎么给孩子提的要求，可能有家长会问，你做家长的对这成绩真就满意吗？当然，谁都希望孩子名列前茅，但每人情况不同，需要一步一步来。

孩子的每次不如意，包括考试成绩不好，我都没有唉声叹气，气急上火，我也不认为最后考不上清华北大就多么失败。我相信每次失败和挫折对成长都有积极的意义，人不可能一生平坦，不在此处遇挫，就会在他处不顺，重要的是汲取经验和教训，培养耐挫能力，逐渐成长壮大。

那时我听说每次大考后，学校会把实验班成绩居末的学生调整到普通班，我们也曾有担心，但也没好意思直接问高老师。有一次，成绩出来，名次下跌不少，他心理压力挺大，说高老师跟他说了：你要努力啊，要努力！那段时间我们都担心他可能被调走。但是我们也没急，一方面说他真的该加劲了，一方面想办法安慰他。其实孩子的成绩不够优秀，跟他的不抓紧也有关系。他的确那段时间抓得不紧。周末两天除了上两个课外班外，基本不学习，一连好几个小时地玩游戏，再加上体育锻炼、看电视，就没有学习时间了。后来发现那是点小误会，原来是语文成绩中的作文分数忘了计算进去，这个时候我们才松了口气。但这个事也是个警示：的确该努力了。同学们都在你追我赶，你不进步就是倒退。

当时我对他的督促也不够严格，我的想法是：第一，孩子每周在校学习，一周才回来一次，玩吧！第二，从初中经验讲，我觉得他不是个死学的孩子，需要锻炼放松，玩和休息。第三我是想，他学到哪儿就算哪儿吧，强迫不得。我总觉得，学习也需要内心之门打开，强行从外面推不开，需要等他醒悟。第四，我也不愿意和孩子出现争吵，三年之间我们和他基本没红过脸。那时，对孩子高二高三是什么走向，我们也不能断定。可能也是基于对他发展的不确定，在高二文理分班之前，我没跟外人提过孩子在实验班。最后一点，我觉得他在实验班肯定还是有压力的，我当家长的就别加码了，不想让他心理负荷太重。

新环境是一种压力刺激，压力太多太大会事与愿违，孩子先要适应压力，把心理应激能力逐步锻炼出来。

美国学者霍尔姆斯有个“生活事件量表”很著名。量表中有43种不同的生活事件或生活经历，并对应相应的分值，总分值越高越不好。根据研究者的假设，如果该量表得分你超过300分，未来一两年出现健康问题的概率在80%左右。就是说，这种心理压力的程度，与其健康状况有着密切的联系。这还是对身体健康上的，心理上的影响无法估算。

对于高中生来讲，尤其是那些非直升本校的学生，特别是住宿生，量表有几项得分会增高，比如更换学校，睡眠、饮食、娱乐、个人习惯的改变，都是得分项。我想，初进四中的孩子恐怕或多或少都有压力。

升入高中，全都变了，新的学校、新的老师、新的同学、新的课程，一切未知，而未知意味着不能把控，就是焦虑的一个来源。所以无论孩子高一时开始考得怎样，或者其他方面有点什么莽撞，出点什么小问题，都不要气馁。对孩子的要求循序渐进比较好。换个角度讲，即使孩子在分数上受点刺激也不是坏事，一帆风顺的孩子内心承受力往往不够强。

最终他没被调整到普通班，我很感激老师们，给了他慢慢进入状态的机会。实验班的氛围对他非常重要，环境刺激大他就更用功些。孩子曾感慨赞叹8班的班级氛围，我也觉得，如果他分到普通班，潜能不太可能得到深度挖掘，这也要感谢高老师的鼓励和引领。

高一时，我对他考上清华北大只是个奢望。高一适应了，高二就是一个提高的过程，我一直认为初二、高二很重要，承上启下，是为中高考铺垫的阶段。高一结束的那个暑假就要抓紧，自学也好，补习班也好，不能放松。也就是从高二开始，孩子的成绩开始进入 上升期，第一回在一次大考中进入年级前二十，这也让我们第一次感觉到，哎，考入清华还有希望！

后来我发现有个特点，在一般学校，年级、班级学习特好的同学特别固定。但四中不同，这次是这几个考的好，下次另几个考的好，三年下来直至高考结束，名次都遥遥领先的人是少数。正像高老师说的，四中的孩子，尤其是实验班的孩子都有潜力。孩子他爸认为，孩子们智商差不多，心理因素也起着一定作用。

由于四中没有周末集体补课的习惯，考虑到他的自律自学能力还没有培养起来，从高一起，我就在周末给他报了课外文化补习班，外边比家里有学习氛围。授课老师都是我在网上充分调查权衡然后跟孩子商量选定的，先去试听，然后定夺。我对孩子的各科情况，整体水平都比较了解，我也喜欢翻看各种学习资料，经常浏览社会和家长论坛，也去听一些有意义的讲座，对教育动态比较有把握。我给他选的大部分补习班他都挺乐意上的，而且一旦离开电脑游戏的诱惑，他在补习班上能认真学习，以前我一直在补习班旁听，好知道他上课是什么状态。

从高一起，我就给他建立了一个文件夹，有每次家长会的内容、听报告的记录、学习成绩等。可以看到他的学习曲线呈逐步上升态势，尤其是在高三很明显。高三他的学习状态进入了良好阶段，可能是打开了心门，我想也许跟他高一学习不那么累有关吧，比较有后劲；这与他初中的轨迹有点相似，早期锻炼放松的机会多，后期则比较努力。

劳逸结合非常重要。高三上学期运动会，他受了伤，医生嘱咐在家里休息，少动平卧，半个月基本没怎么学习，我们都担心他回校后跟不上，因为马上就要期中考试了，希望他有心理准备。他可能也意识到需要奋起直追，于是回校后非常刻苦地学习了十多天，虽然他住宿，但从短暂的沟通中，我都能感觉到他是多么抓紧。期中考试结果出乎意料，不但没有退，反而进步了不少。

我们想了一下，他之所以考的好，可能是因为先得到了彻底休息，然后全力投入学习，其实这个时候大家学的都差不多了，适度的休息反而有好处。由此我们制定了最后阶段的战略战术：该学习的时间里要学习，每天体育锻炼不能少，该睡觉要睡觉。据说高考之前的几天，每天他打三小时篮球，中午和下午各一个半小时。

自主招生他没有刻意去准备，根据他自己的特点，就报了清华，其他学校都没有去笔试，怕浪费时间。最后他通过了清华自主招生的笔试面试，获得加分，我有些意外。试想，全年级获得2012清华自主加分的共十多个人，怎么可能轮到他呢？我真的只能用老天眷顾来解释。另外，这三年经常体育锻炼也有成果，他通过了清华的体育加试，这个通过率是很低的。

锻炼孩子面试时，有一个题目是“你怎样看待成功？”出来后孩子问我怎么答，我想了一下说，一言以蔽之就是“做最好的自己！”

心理学有个理论，叫作人类需求层次论，说人类有五种需求，由低到高，最高的第五个等级就是“自我实现”。李开复写的《做最好的自己》也能给我们一些启示。每个人禀赋、能力、理想都不同，所谓成功没法横着比。

很多省市都是成绩出来以后报志愿，北京不一样，是提前报志愿，这也是一大关，对考试心理有很大的影响。这段时间心理辅导很重要，搞不好会影响情绪，进而影响高考成绩。

高考第一志愿我们报的清华，如果失利，基本就会落到首经贸。为此耿思桐经常拿这个开玩笑，我们找了首经贸的诸多好处，做好了去首经贸的心理准备。我觉得即使清华落榜，我们也不会长时间难受，不会对孩子有太大担心，因为他对挫折的耐受能力多年来在慢慢得到锻炼。考不好就去二志愿，我们没有复读的计划，除非一本类学校没录，因为二本志愿我们没报。实际上要说考不上一本，对他们实验班的所有孩子来说，都是不太可能的，就拿今年的一本线来说，比清北线低了180分左右。

高考有它的偶然性，不是说你一模、二模考试名列前茅的就百分百能考上清北，“谋事在人，成事在天”这句话对高考也适用。

我对孩子说，不能拿高考结果来衡量一个人的学习优劣，凡是报考清北的都要冒风险。看看高考后那些平时比他学习优秀的孩子落选清北，不得不承认考清北有点赌博的意味。得到清华录取的电话之后，欣喜的同时我也为那些落选的孩子惋惜，但过后一想，“塞翁失马，焉知非福”。人生就是此起彼伏的过程。这个彼此代表着自己人生的不同的阶段，彼此也代表着不同的你我。高考是人生的一个重要的点，但它不是一条线，不是人生这条线的全部。

以前看到过咱们四中刘长铭校长写的一篇博客，题目是《高中三年尽力做好十八件事》，哎，觉得说的不错！都是关于提高品位，让人行善，使人优雅，丰富生活的建议。比如说，至少要读50本好书，这些书要涉猎10个领域以上；选择一个人，长时间去帮助他或她；养成每天做一件自己认为有意义的事的习惯；等等。现在高中时代结束了，有些事孩子至今还没做到，比如“至少学做四个地道的中国菜看”，但还好，这些建议对大学生也适用，他可以接着努力。

四中的三年，在树立孩子的人生观、价值观的紧要年纪给了他最好的影响。四中的确像一盏明灯，将照亮孩子的一生。老师就是点亮那盏明灯的人。感谢四中，感谢四中的老师们。

清华大学前校长顾秉林在一篇文章中说：“未来的世界是：方向比努力重要，能力比知识重要，健康比成绩重要，生活比文凭重要，情商比智商重要。”我们在家庭教育中会继续渗透这些理念，耿思桐还需要读万卷书，行万里路，继续提高人文修养，为家庭为社会做个有用的、合格的人才。

2. 相信孩子，相信老师

文 / 张鹏光父母

随着高考结束，孩子三年的高中生活画上了一个句号。

三年前，因为向往北京四中深厚的文化底蕴和独树一帜的教书育人理念，孩子在没有得到任何面试机会和没有任何加分因素的情况下，坚定地报考了四中并最终如愿通过分班考试进入到理科实验班学习。从此有机会与来自全市各重点校的“牛孩儿”们共同接受全市最优秀的老师们的教诲。

初入四中，面对全新的环境，应当说孩子在兴奋之余是有些茫然失措的。面对学校开设的几十门选修课，感觉非常新鲜，哪门都想学；面对丰富多彩的课外社团活动，哪个都想参加；面对学校组织的学科竞赛，也分不清自己的方向。在与学长的交流中获取些信息，得到老师们的建议后，孩子仍在不同的科目之间有些功利地来来回回做出选择。这样的选择性失焦状态导致的直接的后果是，高中前期相当一段时间内，学习目标模糊，进而导致学习成绩一般。在班主任高老师组织的一次问卷调查中，全班同学大都填写了自己将来心仪的高校，只有两个孩子空白，我家孩子居其一。

也正是在这样的选择性失焦状态下，孩子逐渐感受到了来自班主任老师的关怀、鼓励和循循善诱的引导，在与同学们的交流中感受到了相互之间的激励，渐渐地，目标变得明确起来：来到四中，不能仅仅是为了感受四中的氛围，享受四中的生活，更要为自己定出前行的方向，并为此做出不懈努力！

于是，在接下来的日子里，作为家长，我们一天天地感受到了孩子的努力，感受到了孩子的成长，同时也在内心中收获着无尽的喜悦。高二下学期，孩子申请在学校上晚自习。四中没有统一规定的晚自习要求，只是给需要上晚自习的同学提供自习的环境，但必须自己提出申请并遵守学校的相关管理规定。这样的制度安排，使得同学们不仅提高了学习的效率并养成了自习的习惯，更重要的是懂得了遵守规则的重要性。也为日后的大学生活打下了坚实的基础。

目标的明确和有计划的学习安排带来了明显的成效。高三开学测验，孩子的成绩有了一个明显提升。但接下来的期中考试，却又遭遇了一次大的挫折。由于对自己有所期望，结果导致考试中的极度紧张，各科均发挥失常，成绩排名前所未有的低，孩子非常沮丧。这时候，我们帮助他分析原因，认为心理的稳定也是非常重要的因素，今后要在这方面有意识地加以练习和训练。并鼓励他说，这是你的最低点了，从此以后你就可以没有包袱轻装前进了，一定会一次比一次考得好。

接下来的自主招生考试孩子勇敢地报了北大，我们都觉得由于期中考试没考好，报北大校荐可能不成功。孩子认定目标，北大不行就不参加自主招生了。没想到校荐成功了，但只是以笔试压线的成绩进入了北大的面试，面试时孩子没有包袱，轻松自在的表现获得了优秀的面试成绩。最后由于政策的原因，北大没有给面试的同学都加分，我们只得到了够北大高考线加5分选专业的优惠，我们鼓励孩子你尽力了，你的面试成绩很高，说明你很有潜力。

模拟考试时孩子心态调整得比较好，不再有大的起伏，但一模成绩也不是很高。报志愿的时候孩子坚定地填下了北大元培学院，这个目标对他当时的排名来说还是有点高，但看到孩子的坚定，作为父母，我们选择了尊重孩子。但同时为保护孩子，在志愿上要有保险，要了解所报学校的志愿级差，同时报好二志愿，并鼓励孩子接受二志愿，我们还报了两所港校作为高考失手的后备，并把这些都告诉孩子让他别有顾虑，努力发挥。

接下来的高考我们的任务就是做好后勤工作，给孩子在考场附近租了宾馆，尽量减少孩子在高考路上和在吃饭问题上浪费时间，保证充分的休息，也叮嘱孩子不对答案，放松心态。孩子终于在最关键的考试中发挥出色，也为他的中学生活画了个圆满的句号。

高中这三年我们没有什么经验可谈，唯一经验是相信孩子，相信四中，相信老师，鼓励孩子按老师的要求去做，按学校的要求去做。不管是在顺境，还是逆境，都要保持一种阳光的心态。考坏了的时候我们都是笑着对他说，你的上升空间又大了，从没有因为成绩不理想而批评他。

在四中的三年，孩子不仅收获了学业，各种素质也得到了提升，四中有各种讲座、有各种社团、有歌唱比赛、有话剧节、有运动会、有台湾游学、有模联大赛、有MIT“发明队”，还有新年舞会。张鹏光充分感受了四中的这种氛围，各种活动都积极参加，总之用孩子的话说“没有白来四中”。

这里我们还要感谢班主任高老师，关键时刻一直在鼓励孩子，而且一直在肯定他，孩子的弱项在高考时没有拖后腿。在一模、二模、高考等关键时刻高老师一直通过飞信与家长联系，鼓励孩子，并给予具体的指导，使我们家长能全方位地了解孩子在学校的状态，并能安心地迎接高考。

3. 高中三年一定要多给孩子一些关注

文 / 谭乐辰父母

这三年过得很快，转眼间儿子已经从青涩懵懂的少年成长为思想成熟而犀利的青年。说实话，我作为医生工作是极其忙碌而辛苦的，每周五天，周末一般还有加班。而孩子自从住校以后，我能够给予的关注就更有限了，正因如此，我的担忧才更加的深重。

高一和高二

高一和高二我尽量说得简略，因为这两年的关键是打好基础。据我了解，8班有几个男生其实高一和高二成绩只能算是普通水平，最后高考却取得了不俗的成绩，由此可见对于他们来说高三一年的努力是具有关键性的。但并不是说高一高二不重要，而是需要提纲挈领，这样既可以学得轻松，又能为高三做好充分的准备。

首先最基本的就是上课听讲，下课认真完成作业，这就够了。四中课堂上有很多拓展性的东西，课下有很多兴趣式的探究作业，以及各类社团活动。高一高二让孩子多发展一些外延的兴趣和技能。其次就是对于各次大考要重视，积累考试经验。

高三的学习

高三的学习任务较重，因此唯一重要的准则是永远做最紧要的事，其余的适可而止。最紧要的事就是各类查漏补缺，参透学校的各种讲义以及课本。其余的就是自己的刷题，拓展。适可而止就是以不影响第二天的学习，或者说周六不用浪费半天时间补觉为准。以高一高二学习为基础，完成高三时老师要求的最紧要的任务，你99%的能力提升就完成了。

面对失败

高三一年最重要的是如何应对失败。成功可以增强信心，只要不使自己努力的程度降低，都可以接受。而处理失败却可以成为一门学问。

孩子刚进高三时的化学竞赛失利，那段时间我一直提醒他，要总结归纳为什么失败，要把这个问题想明白了，并能够汲取所需的经验。后来他又在港大校长推荐，北大自主招生和当时觉得非常重要的一模上折戟沉沙。我并没有过多地安慰他，因为我知道他心理调节能力很强，过几天就没事了，但我仍然不断叮嘱他要反省。虽然不知道他是否照做了，但看得出来他确实在不断变强。后来二模就考得很好。

高三一年的大小考试和各种机会多如牛毛，失败是难免的，老是不失败的人屈指可数。无数人都说要淡定，要超然，实际要做到这些需要长时间的调整。学习的节奏和计划不能因此而打乱。吸取的经验教训要立刻实践到下一阶段的学习中去。只有成功才能打破失败的阴影。因此必须要沉住气，耐住压力，坚持到最后。

了解孩子

我自己认为我的孩子并不是特别聪明的，但是至少学习从来都不需要操心。他并不是很会去咬牙努力的人，在学校或者宿舍里因为气氛的影响能沉下心学进去。一回到家就露出了原形，一般周末会有一半时间在玩游戏和看书中度过。甚至最后冲刺的十几天，他还不忘要把HBO的《权利与游戏》结局看完。虽然当时非常担心，这些课外的东西会影响课内学习，也不时地提醒他不要沉溺太深，但是，回过头来看这些并没有对他造成太多影响，也许每个孩子有他不同的特点吧！这次高考发挥的还可以，不能不说有一点小小的运气在里面。

学习氛围

最后也是最重要的，我们需要感谢四中的学习氛围，优秀的同学们和聪明勤奋的教师团队。他们决定了你学习的效率并在很大程度上决定了你能达到的高度。我们家长因此可以放心地做后勤工作，对于学习不需要再有初中时那种紧盯不放的辅导。没有这些，一切都将困难百倍。

最后，非常感谢高老师这三年的辛苦付出，感觉您更像孩子们的朋友，亲切、积极、乐观；每一次的家长会和每一次与您面对面的沟通，都给了我们家长极大的信心与鼓励。

谭乐辰将要去香港科技大学商学院学习，以后的路才刚刚开始，希望高老师从老师的角度给他今后学习以及人生一些建议，这对他来说将非常的宝贵。

4. 教训、失误和我的心得

文 / 白林禹父亲

儿子最宝贵的三年，是在北京四中度过的。从接到高老师通知儿子被四中录取的电话时的喜悦，似乎瞬间就跳跃到了高考考场外的焦灼。回顾与儿子度过的高中三年时光，总结起来，大致就是三个三：三个教训，三个失误，三个心得。

先说三条教训。这第一就是吃了聪明的亏。尽管我从小就和儿子说，人要舍弃小聪明，成就大智慧，可是还是一直没有从小聪明里面走出来。小学靠小聪明是完全能应付的，初中靠小聪明应付就有点儿吃力，可还是应付过来了。这导致了一种幻觉，就是靠着小聪明，尽管费点儿劲，也完全能够学好功课。这个幻觉使儿子长期没有把老师“养成好的学习方法和学习习惯”的教导当回事儿，而我们都知道，在高中，学习方法是决定成绩的根本。所以，一上高中，儿子表现出明显的不适应、慌乱，这个慌乱是从心里到行为的慌乱。学习既累，成效又很差。所以，这第一条教训就是，小聪明人人都有，但一定要从小养成良好的学习习惯和学习方法。听起来这个教训太老生常谈，但是这个教训对我们来说，付出的代价还是很大的。

第二条教训就是目标或者过大，或者不够具体，没有起到“目标指导行动”的应有作用。还记得儿子从四中回来和我说“培养杰出中国人”的激动和由此引发的“心怀天下”的抱负，也记得儿子回来说要做一个中学教师，因为自己好只有一个人好，做教师可以培养千万人这样的目标。至于说上一个什么大学，或者学一个什么专业，要么笼统要么具体，要么就在笼统和具体之间摇摆。客观地说，四中的老师在对学生进行人生规划指导方面还是很有方法的，可是我们一直没有抓住这个人生规划，或者具体点儿说职业规划的精髓，目标一直在摇摆，所幸高三终于确定了高考的目标（其实也是在老师的鼓励下才坚定了实现目标的信心）。我们都知道，明确的目标对于学习的指导是至为关键的，这个目标摇摆的教训，对我们同样是深刻的。但愿儿子能处理好以后每个人生阶段的目标。

第三条教训，就是过低地估计了人的热情的持久性，过于慢热。高一尽管也比较紧张，但是我们现在想，当时用在学习上的时间和精力也就50%，高二用在学习上的时间和精力能达到60%，高三，如果除了最后冲刺阶段的话，能达到85%。之所以这样，是因为我们一开始考虑，人的精力有限，神经不能总是绷得太紧。其实现在回头看，高一一开始，就应该全力以赴，人远没有那么脆弱，甚至恰恰相反，越拼越能激发潜能。这个教训与其说是我和儿子共同的教训，不如说儿子比我体会更甚。高考结束，他最遗憾的就是太慢热了，没有从高一开始用全力，这个教训有多深刻呢？怎么形容都不过分啊。

三条教训，可以说都是刻骨铭心的教训，教训都是要付出代价的，但是同时也有收获，就是这些教训会对今后的生活、工作、学习起到积极的指导作用。

再说说三个失误。这三个失误，也发生在高中三年，但是也不仅限于这三年，可以说是很早就有，只不过才意识到而已。

第一个失误，就是学的太散。我崇尚自由的教子方式，从小就任由其天性发挥，迷恋不上任何补习班的另类做法，没有专一地向着一个方向努力，也没有围绕一个方向引导儿子学习，这直接导致了他学习的“散”，什么都学，什么都不精，浅尝辄止。这样做的恶果，不仅仅是他没有在一个方向上钻研下去，更重要的，是他忽略了钻研精神的培养。四中老师对他参加数学竞赛的引导和鼓励，最大程度地弥补了这个失误，但是，来得太晚了，如果从小学就引导他参加数学竞赛，以那时候的过剩精力，情形自非今日可比了。

第二个失误，就是玩儿的太散。儿子从小到大不参加任何补习班，有大把的精力玩儿，可是我对自由教育的迷恋却让我也排斥了各种的兴趣培养班。直接的恶果就是他几乎每天大部分时间在看课外书或玩儿，却到现在没有一个固定的玩儿的特长，这个会有时间弥补，就是不知道他现在是否还有兴趣、有精力玩儿。

第三个失误，就是兴趣太散。儿子在自由的家庭教育环境下，成了一个迷恋古诗文的理科生，一个沉醉在魔幻小说中的较真儿的人，一个小玩意儿堆满了写字桌的中学生。这些爱好相互矛盾又杂乱无章，现在我多希望他有一个和学习专业相关的爱好啊！这个失误，也许更容易弥补，但是，即使能够弥补，他也是在做别的同学5年前、10年前在做的事情啊。

这三个失误，其实关键词都是一个“散”。现在回头看，自由，绝对不是散。集中的才是有力量的，什么太散了都不好。现在衡量自由式家庭教育，曾经一直很坚定的信心似乎开始动摇了。

下面，我再分享一下过去三年的三个心得。儿子是个好孩子，作为父亲我坚信这一点。不管他的学习成绩如何，也不管他将来到底能取得什么样的成就，他都是一个好孩子。这个好是人品好。高中三年是他人生观世界观形成的最重要的时期，在这个时期，对他人生观世界观的形成，我有下面三个心得：

第一是建立互信的亲子关系。据我观察，孩子在青春期的逆反，主要源于家长与孩子的互不信任。家长不相信孩子能做好自己，孩子不相信家长是正确的。这种不互信积累到一定程度就会演变成典型的逆反关系。在儿子的成长过程中，尤其是在高中阶段，我只教他几个观点：第一，高中阶段，家长虽然都是名牌大学毕业，但是在学习上也帮不上任何忙了，全要靠自己，我们相信以你自己的基础加上良好的教师和学习环境，一定可以学好；第二，作为家长，我们会在力所能及的范围内为你提供学习所需的一切必要条件，这一点请你放心；第三，家是一个永远的依靠，你全力向前，但是你特别累了，挺不住了，或者暂时失败了，回家，我们绝不会因为你的失误或暂时的挫折而否定你，而是会帮助你分析，作为你的后盾，共同战胜困难。所以在高中三年，尽管儿子很少拿出令我们和他自己满意的成绩，但是我们家长一次也没有埋怨他，而是每次和他一起分析原因，找弱点，所以他觉得家长是可以信任的，并不刻意向我们隐瞒自己的挫折和暂时的失败，他的心理自然也没有这方面的压抑，一直能够轻装前行。

第二个心得是给儿子成功灌输底线观念。这一点就不多说了。

第三个心得，就是身教胜于言教。这似乎是老掉牙的观念，但是，真的很重要。高中三年，我能从他身上发现学校老师的影子，可以想象，老师也能从他身上发现家长的影子。希望他在这三年里怎么做，这三年里形成什么么样的世界观和人生观？靠课本不行，靠说教不行，家长一定要严格约束自己，做出样子给他看。怎么对待学习和事业？怎么对待父母亲人？怎么对待老师同学？怎么履行自己的责任？甚至要细到扔垃圾这样的小事。套用一个句式，就是父母正则子自正，父母负责则子自知负责，父母事业心强则子上进心自强，父母向善则子自向善，信夫！

5. 教育的关键是培养水手对海的渴望

文 / 雷阳雪母亲

什么是成功的教育？从多年来对孩子教育实践中我体会到，在当下中国的教育体制下，分数固然重要，但更重要的还是注重对人的全面培养。

北京四中的成功，不仅表现在出了多少个清华、北大和港校学生，也不仅仅在于有多少同学考上了国外知名大学，而是旗帜鲜明地创造和塑造了“四中人”概念，并赋予她丰富的内涵——爱国、责任、奉献、诚信、拼搏、仁爱、精英……

高考结束后，为孩子们呕心沥血三载的2012届高三（8）班班主任高杰老师，给家长们布置了一个作业，要我们总结一下，有些什么成功经验，或者不成功的教训。

我想用一则小故事来表达我的看法。一个非常伟大的航海家在被问到什么最重要时说，我首先做的不是带我的手下去森林伐木，也并不着急动手造船，而是培养大家对海的渴望。

学习是外部信息转化为个人记忆的过程。自身动力至关重要。强迫是不会有作用的。作为家长就是要引导孩子对美好前途的憧憬。我们觉得最为成功的是让孩子早早地确定了非北大即港校的奋斗目标。

每一次成功，只是下一次成功的起点。进入自己心仪的大学不是目的，胸怀祖国，胸怀人类，为改变世界做出杰出贡献，才是“四中人”的崇高理想。以此与广大四中学子和家长们共勉。

6. 让孩子养成受益终生的好习惯

文 / 刘通父母

儿子2012年以实考分662分+自主招生20分，总分682分的成绩考入清华大学建筑系。

在教育孩子的问题上，我们确实没有多少特殊经验可谈，也一直在不断学习，不断反思，不断纠正。今天孩子终于如愿考入自己心目中的理想大学，实现了人生的第一个目标，在为他感到高兴的同时，也深深感谢那些在孩子成长过程中无私奉献的可亲、可敬、可爱的老师们，感谢孩子曾经就读过的北京小学（走读部）、北京师范大学附属中学、北京四中对孩子的精心培养教育，也愿意把我们在伴随孩子成长过程中的一点粗浅体会记录下来，以就教于同道。

身教大于言教，让孩子养成受益终生的好习惯

家长是孩子的第一任老师，从孩子呱呱坠地那一刻起，我们就注意用身心影响孩子。秉承“身教大于言教 ”的理念，一直认为，要让孩子喜欢读书，父母首先要手不释卷；要让孩子有坚定的信念，父母就不能半途而废。孩子就是父母言行的录音机、照相机，你在不经意间的所作所为可能就会被孩子看在眼里，记在心里，甚至影响孩子一生。

记得刚生孩子未满月，正赶上单位职称晋升，我一边看孩子、喂奶、换尿布，一边念书准备应考，也时常感到疲惫不堪，同事都劝我放弃算了，晚1年晋升也无妨，免得把身体弄垮，我想，不行，我必须得念书学习，不仅仅是为了那个水到渠成的中级职称，更重要的是，

要让孩子从婴儿起就感知妈妈在读书学习，让他从小养成热爱读书的习惯；儿子入学前后，我也一直在不断充电、学习、考试，坚信这无声的熏陶会让孩子觉得学习是一件天经地义的事情，不是强加在他身上的负担。孩子上学以后，我们就注意让他学会利用时间，放学以后，首先把作业写完，即使还有5分钟吃饭，也要让他写5分钟作业，利用好这些零碎时间，就可以集腋成裘，聚沙成塔。时间长了，放学以后先写作业再做其他事情就成了一种习惯，还有晚上睡觉前检查第二天要带的文具，看完书把书放回原处，写完作业书桌上要整理干净，经常做眼保健操保护视力，做事要认真细致，有始有终，不能马马虎虎等等，都是从儿时就养成的习惯，而好习惯一旦养成，就会成为一种惯性，既可以使孩子受益终生，家长也可以事半功倍，省心省力。这比逼迫孩子幼小年纪多背几个单词，多做几道数学题重要的多。到现在为止，孩子是班上为数不多的几个不戴眼镜的学生之一，这与他每天坚持做几遍眼保健操不无关系。孩子上高中以后，学业很重，但从不熬夜，即使高考前也一直在11点前睡觉，这主要得益于他能充分利用点滴时间学习，如课间的几分钟，排队的间隙，等车的几分钟，这就是好习惯带来的学习的高效。保证孩子有一个相对充足的睡眠时间，可以使孩子上课集中精力听讲，提高学习效率，也可以避免因长期睡眠不足而容易产生的厌学、焦虑、逆反等情绪。

尊重孩子，给孩子自由的空间

刚进入初中，孩子希望有自己的独立空间，做自己喜欢做的事情。我们尊重孩子的要求，相信他一定能管理好自己。于是给他腾出一间房子，按照他的要求，有事敲门，不随意进入他的房间；不经允许，不随意翻动他的东西；为他配备电脑，他可以随时上网，我们不过多干涉。但有约法三章，即每次游戏时间不能超过45分钟，不健康的东西要回避，时间久了要做眼保健操保护视力。孩子都如约遵守，到时间就自动下线，从不需要家长提醒；看小说也不打破平时的作息规律，该睡觉就睡觉；与同学相约，说好回家的大致时间，到点就回家，免得父母牵挂。孩子喜欢数学，初中时曾获得“希望杯”全国数学邀请赛银牌，高二时获得北京市中学生数学竞赛初赛西城区一等奖，决赛北京市三等奖。高三时孩子想参加全国高中数学联赛，我们分析他的实力，觉得花费大量时间、精力去准备获奖可能性不大的数学联赛，有点得不偿失，还可能影响正常的高考复习，但是孩子坚持要试一试，甚至自己向老师请假，放弃一些科目的课堂学习，专心竞赛。尽管这些选择我们并不完全赞同，但我们尊重孩子的选择，为他准备去外地学习的日常用品。果然不出所料，竞赛成绩虽然在年级排名第5，却仅获得了三等奖。而且因为耽误了正常的课堂学习，在接踵而至的期中考试中，成绩一下下滑到年级200名左右。我们并没有埋怨孩子，相信孩子在今后的学习生活中再次面对选择时能够通过这件事学会取舍，学会量力而行，也坚信孩子努力了，尝试了，也就无悔了。

挖掘潜能，培养孩子掌握一门能给他带来自信的技艺

孩子的体育成绩一直不尽人意，跑也跑不快，跳也跳不高，甚至为此影响了三好学生的评选，这让他多少有些自卑。我们鼓励孩子，体育成绩的好坏并不能完全代表一个人的身体强弱，有些体育项目的评判标准是需要一定的运动天赋的。受基因影响，孩子在跑跳方面确实缺乏天赋，但是我们坚信，上帝在关了一扇门后，一定会为你打开一扇窗，陆地项目是弱项，水上项目也许有优势。孩子6岁的时候我们开始带他游泳，很快我们发现，他水感很好，在水里游刃有余，于是我们坚持带他游泳，这一坚持就是12年，无论酷暑炎夏，还是数九寒天，始终坚持着，这不仅是对孩子意志的磨炼，也是对家长意志的考验。孩子很快掌握了包括难度很大的蝶泳在内的各种泳姿，还曾进入体校老师的视野，要吸收他为队员，但被我们婉言谢绝了。高中时曾作为主力队员代表班级参加学校组织的游泳比赛，为班级获得游泳接力赛的第一名立下了汗马功劳。这不仅增强了孩子的体质，也让他掌握了一门实用技艺，还大大增加了孩子的自信心。

小学的时候，我们还带他学过小提琴、钢琴、围棋，并不以考级为目的，也不指望将来靠此立业，仅是希望孩子在丰富业余生活的同时，能感知音乐的美，能享受兵交黑白、阵布阴阳的快乐。考完大学以后，孩子主动要求再学小提琴、钢琴，因为有儿时的基本功训练，重操旧业就驾轻就熟，进步也快，现在已经能用钢琴、小提琴弹奏一些较为复杂的曲子了，时不时也会拽上父亲在围棋上较量一番，很多时候父亲已经是他的手下败将了。

因势利导，帮助孩子树立坚定的信念，培养锲而不舍的精神

孩子很小的时候就有进入清华大学的梦想。大概六七岁的时候，喜欢在床上铺张地图趴在上面寻找曾经听说过的为数不多的地名，一次不经意的浏览，他看到了毗邻圆明园的清华大学，呵，好大的地方，比周围许多听过的大学面积都大，中间还有一潭碧水，看起来像个公园，这原生态的好感可能就是孩子清华梦的最初原因。小学时候我们又带他参观了清华大学，那典雅的牌楼，优美的校园，朝气蓬勃的学子都给他留下了美好的印象，也更坚定了孩子想上清华大学的信念。升入高中后，虽然挤进实验班，但综合实力跟班里那些身怀绝技的“超人”相比还有不短的距离，年级排名近200名的成绩也不

曾让他的清华梦动摇过。我们和孩子一起，分析了他的优势、劣势，数理化是相对强项，文科是软肋，如果能在文科上多下些功夫，把文科成绩提高一些，继续保持理科优势，年级排名还是有很大的提升空间的，而且将来文理分班以后，优势还会越来越明显，清华梦并不是遥不可及，只是要坚持不懈，锲而不舍，一分耕耘，一份收获。于是孩子主动放弃了喜欢的围棋，甚至抵御住了出国游学的诱惑，利用假期补习了文科课程，果然，天道酬勤，孩子的文科成绩有了很大的进步，到高中二年级的时候第一次冲进了年级前50名，并从此一路向上，排名逐渐提高，甚至考出年级第8名的好成绩，并两次获得旨在奖励德才兼备、品学兼优学生的“三星奖学金”。

被称为“小高考”的自主招生如约而至，孩子有幸获得了清华大学的自主招生资格，我们告诉孩子，自主招生只是进入理想大学的敲门砖，最终能否进入理想大学还是要看高考成绩，在不影响正常复习的前提下，以寻常心看待这次考试即可。由于没有思想负担，发挥也比较正常，经过笔试、面试两轮艰苦的考试，孩子终于获得自主招生20分的加分，拿到了一张清华大学的准入场券，这也为他在日后填写高考志愿时敢于把清华大学作为唯一志愿奠定了基础。

青山依旧在，几度夕阳红。孩子即将踏进清华园的校门，开始人生的又一次征程，作为父母，我们衷心祝愿他鹏程酬壮志，竿头鸣高音！

7. 两手抓，刚柔并蓄

文 / 左云龙父亲

天下所有的家长，都对自己的孩子充满了期望，有了这些期望值，家长们便担负起了言传身教、有形无形的教育重担！我的孩子虽然谈不上优秀，但至少在班级里还算可以！所以在欣慰和惶恐之余，浅谈一下我们高中三年对他的家庭教育吧！

一、率先垂范，言传身教

我们以为，家庭教育首要问题应该是对孩子性格的塑造！虽然说性格是与生俱来的，但后天的塑造却是重要的！古语说得好：慈父多败儿！对待自己的孩子一定要“硬下心肠”，不能任其野蛮生长，在日常生活中，一定要注意“磨炼”他！不能搞“顺从政策”！

其次重要的是，注意培养他的兴趣和爱好。可能每个家长都有未能如偿的心愿，所以就希望在孩子身上补偿一下，刚开始我们也这样做，但后来发现这是个错误。所以说，培养孩子的兴趣和爱好，不能一味地模仿别人，要针对自己孩子的特点和优势，哪怕多绕几道“弯儿”也不怕，只要最终目的达到就行。

高中阶段要给孩子一个轻松快乐的成长环境。其中之一就是和他交朋友，以平等的言语和他交流，处处以他的身份和心理看待事物，从不随意训斥和指责他！孩子都老大不小了，对待男女同学交往有些困惑，儿子也经常回家问一些敏感问题。我们听后不会乱了阵脚，也不会说什么“别人在早恋，发现你也这样做就收拾你”这样的话，我们会拿出当年我们高中时的感受和他探讨，鼓励他和女同学之间正常交往，让他知道自己该做什么，什么又是现在不该做的！让孩子觉得老妈老爸真够“哥儿们”，什么话都可以倾诉！

再有就是给孩子当好“模型”，生活中一些烦心事，我们都会幽默对待，在家里经常开开玩笑，探讨探讨个人观点；工作上也是尽职尽责，勤奋努力；同事之间、邻里之间真诚交往，互帮互助，让孩子从一点一滴小事中受到感染，潜移默化，使他做事情时有了“参考”有了“样本”。

再则就是让孩子合理地安排休闲空间，不给他太大的压力！有的家长利用一切可利用的时间让孩子补这补那，让孩子做很多很厚的课外习题集，而我们从不强迫他做多余的课练，只要求他分秒必争地听好老师课堂上的45分钟课，当堂讲的必须彻底理解、充分消化掉！绝不做样子敷衍了事。“千里之堤毁于蚁穴”，平时一些细节问题也要弄通弄懂，如果觉得哪儿没有把握，对不起！自己必须想法儿解决：或者请教老师，或者参考课外书籍等。另外，一种题型只要掌握好即可，没必要一遍又一遍地练习，既浪费了时间又增添了厌烦情绪，让他以后“望题生厌”，产生抵触心理。剩余的时间让他自主安排，自由选择，可以看看小说，读读文摘或者看看体育直播、NBA等，但有一前提：决不能上网玩游戏或浏览不健康网站。另外体育锻炼永远都是头等大事，每天都要坚持的。

在这种环境下，孩子无论学习还是玩耍都轻松欢乐，使他自信心、自尊心都得到加强，就会水到渠成地自发向上！

我们的孩子正处在竞争激烈的时代，大家都不想让他们成为高分低能的“书呆子”，所以对孩子的培养也不能只抓学习、抓分数。作为家长，我们有义务配合好学校的教育，共同营造一个文明进步的和谐氛围，让他们真正成为明天社会的栋梁。

二、选择说教，因时而异

对孩子说教刺激过多、过强和说教时间过久，容易引起孩子心理极不耐烦或反抗的心理现象。

当孩子犯错时，有的父母会一次、两次、三次，甚至四次、五次重复对一件事作同样的批评，使孩子从内疚不安到不耐烦乃至反感讨厌。被“逼急”了，就会出现“我偏要这样”的反抗心理和行为。

因此父母对孩子的批评不能超过限度，应对孩子“犯一次错，只批评一次”。如果非要再次批评，那也不应简单地重复，要换个角度、换种说法。这样，孩子才不会觉得同样的错误被“揪住不放”，厌烦心理、逆反心理也会随之减低。

其实沟通比说教更重要，因此说教也要因时而异；孩子在学习、成长的过程中难免有困惑或者不满，但又不能充分地表达出来。作为父母既要说教也要与孩子谈心，并且在谈的过程中，要耐心地引导孩子尽情地说，说出自己生活、学习中的困惑，说出自己对家长、学校、老师、同学等的想法。

孩子在“说”过之后，会有一种发泄式的满足，他们会感到轻松、舒畅。如此，他们在学习中就会更加努力，生活中就会更加自信！

三、偶尔先贬后褒

我们在评价孩子的时候难免将他的缺点和优点都要诉说一番，并常常采用“先褒后贬”的方法。其实，这是一种很不理想的评价方法。在评价孩子的时候，我们不妨运用“增减效应”，比如先说孩子一些无伤尊严的小毛病，然后再恰如其分地给予赞扬……

批评孩子无小事。一句话的表述、一件事的处理，正确和恰当的，可能影响孩子一生；错误和武断的，则可能贻误孩子一生。如果我们老是对着孩子吼“笨蛋”、“猪头”、“怎么这么笨”、“连这么简单的题目都不会做”等，时间长了，孩子可能就会真的成为了我们所说的“笨蛋”。

所以，父母必须戒除嘲笑羞辱、责怪抱怨、威胁恐吓等语言，多用激励性语言，对孩子多正面引导。先对孩子提出较低的要求，待他们按照要求做了，予以肯定、表扬乃至奖励，然后逐渐提高要求，从而使孩子乐于无休止地积极奋发向上。

8. 孩子收获了沉稳严谨的人生底蕴

文 / 罗琪父母

三年前，罗琪从北京四中初中部进入高中部开始了她的高中生活。转眼一千多个日夜已然过去。她经历了更多，也收获了更多。回望三载春华秋实，内心的感动很难用数百字说清，只能撷取几个片段吧。

【成长】

“胸怀天下、学问之道、学年寄语、校园文化、亲情感悟、人文之风、人生哲学、历史反思、社会关注、观人悟道、逐梦之旅、生命质地”。以上是北京四中《师生共读》封面列出的版块标题。在紧张的课业学习、丰富的课余活动之后，能够沉下心去读那一篇篇或深刻或隽永的文章，细读大师的思想或平凡的小事，抑或由老师的推荐语而生发出自己的感想，这便是四中给孩子们的，一方精神成长的净土。

学习。还有军训、四川游学、志愿者活动、学长助学。“成长为人”……时间一天天过去，精彩一幕幕展开，我们的孩子就是这样渐渐长大的。

【集体】

在四中科技创新实验班就读，周围同学的优秀是必然的。听说过有些在初中非常优秀的孩子会一时难以接受自己“变得平庸”。我们最初对于孩子能否适应更为激烈的竞争环境也多少有一丝担忧。然而我们很快发现，四中给了孩子们多样的平台以展现他们各自的优秀，使孩子们能非常理性地认识自己，努力发挥自己的优势，同时由衷地赞赏同学各个方面的才华。

在8班这个集体里，每位同学每个方面的成功都让罗琪感到高兴、受到鼓舞，甚至那些让男生热血沸腾的篮球赛、足球赛，也同样让我们以为从不看球的“小宅女”兴奋到眼含泪花。在这样一个优秀的集体中成长，罗琪变得从容，淡定，做人低调，做事认真。大气就是要在这样的环境中熏陶，从这些点滴中慢慢培养的吧。

【选择】

在四中，高中生活是忙碌的，也是非常多姿多彩的。所以罗琪明白了，要学会选择。

选择兴趣。四中有意义的活动很多，而时间是有限的。罗琪选择了自己感兴趣的文学，在文学社也收获颇多。做了多期校刊的美编，体验了校刊编辑的苦与乐；此外，她还经常投稿，不时见到一篇篇文字变成铅字也算小有成就感，再把稿费捐了，很是开心。于是流石文学奖就是对她这个“文艺”的理科生最好的鼓励了。

选择奋斗。比如罗琪选择参加生物学科竞赛，除了兴趣，除了了解自己在这一学科的潜力，还要凭着毅力，那意味着很多的课余、很多个周末、都要放弃休息放弃娱乐，去学习那些完全不是高中的、更高深的学问，去挑战自我争取成功。与获得北京生物竞赛一等奖相比，所学到的知识、学习方法以及奋斗的历程对她具有更深远的影响和意义。

【坚持】

凡事预则立。学业、竞赛要有规划，学期、假期也要有计划，四中的孩子都在老师引导下学会了怎样安排时间，这对孩子的一生都会有帮助。

目标明确了，计划制定了，所需要的就是努力去完成，坚持不懈。在前行的路上，也可能会遇到失意或挫折。孩子学会面对了，就会变得更加成熟。在困难的情况下学会坚持，才能不断向成功迈进。罗琪曾经以4分之差没能通过清华大学的保送生考试，也许算得上一次小小的“打击”。但她没有一蹶不振，而是很快调整了心态，比较客观地分析了自己的情况，保持了信心，不断坚持努力学习，结果在自主招生考试中取得了优异的成绩，成功地被清华大学认定为保送生。

三年过去，罗琪不仅在高考升学方面成功地圆梦清华，还在为人做事上更加沉稳大气。三年里与各位老师、同学结下的深厚的师生情、朋友情，将是她一生的财富。

9. 与孩子一同走过高考岁月

文 / 王倬榕母亲

2012年的6月，是值得纪念的。在这些日子里，我的孩子在北京四中顺利毕业了，而后走向了高考的战场，去展示高中三年的学业能力，去经受心理及意志力的考验。

整个备考及考试期间，我们走得并不顺利：自高三以来，首先是数学竞赛失利，而后自主招生失利，一连串的不顺，对孩子的自信心打击是很大的。作为母亲的我，是孩子身边唯一的亲人，此时要给予孩子足够的理解与信任，给他力量，重拾信心，用坚强的态度对待失利。随着高考一天天的临近，孩子的心理压力越来越大，一模、二模时，成绩考得都不理想，排名一直在下降，整个状态感觉不好。为了打消他的顾虑，缓解紧张，轻装上阵，我拟了三套报考方案让他选择，并建议他报低点志愿，走一条稳妥的报考路线。考试期间，我是每场考试都陪在场外，孩子的情绪时有波动，要密切关注，想好怎么说话及时进行排解疏导，引领他走出消极情绪，不抛弃，不放弃，沉着应战，答好每一道题。

风雨过后是彩虹，最终高考成绩不错，裸分663分，将他真实的水平发挥出来了。昨天在北京考试院网站已查到结果，被北京大学医学部录取了。孩子很满意，是他自己想去的学校。12年的奋斗，终于实现了自己的理想，从此将告别中学时代，走向更广阔的天地，去奔向新的前程。

孩子还年少，刚刚毕业的他对于高中母校还没有表现出太多的依依不舍，但作为家长我是怀着不舍的心情告别四中这所百年名校的。

我喜欢四中美丽的校园，喜欢他厚重的人文气息；他的教育理念超前，教学水平及管理水平都是一流的；学校的教师和员工都敬业负责，培养的学生大气，多有才华。三年来孩子在学校受到的教育和熏陶，学校“优、苦、严”校风的磨砺，刻苦用功自主学习及良好学习习惯的养成，都将使孩子受用终身。在离别之际，我感谢四中这片沃土，感谢辛勤培养教育他的老师们，没有你们的辛勤付出和培养，就没有孩子今天的成就。孩子永远会记住他是“四中人”。

2012年的高考已经结束，作为一名伴随始终的家长，和孩子共同努力并肩奋斗，一起体味其中的迷茫、焦虑、痛苦、煎熬……我和孩子都尽力了，结果还不错，我们无怨无悔。

关于教育孩子的经验真的谈不上，与班里众多优秀的同学比，孩子的差距还很大，作为家长该反思的地方很多。孩子的一些弱点，也与我在教育过程中的一些失误有关。在教育孩子的过程中，我心太软，包办的太多，许多该坚持的东西我没有坚持，这些都是我今后要修正的地方。现在孩子即将步入大学校门，踏上更为艰辛但又更为宽广的人生之路，作为家长的我，依然是孩子的靠山，精神的支柱，但是该脱离的要脱离，该放手的要放手，原则问题一定要坚持。从今往后，我应该更多地关注学习成绩以外的东西，让他不仅学业优良，还能在生活中自信自立、以诚待友、孝亲感恩、强壮身体、强大心灵，成为一个真正的男子汉，以后才能担负起社会和家庭的责任。

10. 有心栽柳，柳暗花明又一村

文 / 欧阳德念母亲

家有考生，家家都有本难念的经，各有各的难处，但受煎熬的经历应该是相似的：

6月8日，女儿走出高考考场，“妈妈，我理综烤糊了”，我的揪心日子开始。

6月11日估分，与实际能力能达到的水平相差很大！虽然很纠结，但总希望是女儿把自己估低了，心里仍抱着一线希望。

6月23日中午，查成绩，比之前的一模、二模成绩少了60~80分，发挥严重失常！当头棒喝，心里凉透！但自强颜欢笑，安慰女儿，怕她经受不住如此打击！

是日下午3点多，正在恍惚之中，接到香港城市大学来电，询问高考成绩后，告知满足其三个录取条件，即：高考总分高于北京一本线、英语120分以上、寄给学校的作品集审核通过，但是，能否录取还取决于其他候选人的成绩。刚看到的一线曙光又蒙上了一层阴影！

其后的日子，开始动员所有的关系不停地打听女儿所填一本一志愿学校的提档线，只希望能被一志愿学校录取，不管什么专业都行。当一位熟人告诉我该校今年的提档线可能较高时，我都快要崩溃了。开始给女儿打“预防针”，她父亲则跟女儿说要“一颗红心两种准备”，一志愿学校不录就复读，明年再战。

终于熬到了7月份开始录取的日子，6日，小语种，7日开始提前批录取，但得不到任何消息。

终于，9日录取结果查询平台开通了。当敲击键盘、查询结果出来，看到“香港城市大学”的那一瞬间，我简直不敢相信自己的眼睛，仿佛做梦一般。什么言语都难以形容那一刻的高兴之情，一个月以来所有的担忧、郁闷、纠结都化为乌有，用高老师的话说“是我这个月得到的最好的消息”，对我来说则是比我自己上大学、升职更让人高兴的了。

高兴之余，冷静地看待这个录取结果，虽是意外惊喜，其实也是必然结果，女儿多年的辛勤付出和努力终于得到了回报。女儿在四中度过了高中三年，学习成绩上的跌宕起伏，就像这次高考一样让人揪心。女儿虽然很刻苦、很努力，但在理综的学习上始终方法不当，仿佛不开窍一般，在年级的排名难以挤进前150名，但一模、二模成绩不错，且有较大进步，让我看到了希望。实验班的孩子们学习成绩都非常好，虽然老师总是鼓励女儿，但她在学习上承受的压力非常大，嘴上虽然不说，但我总是能感觉得到。好在四中不唯分数，注重的是学生的全面发展、培养具有健全人格和高素质的人才。女儿在这样的环境中，积极参加各种活动，担任班委、进入学常委、参加爱心社活动、开个人书法展……从小喜欢书画、天性活泼开朗的她倒也如鱼得水，自由发展。女儿从六岁开始习练书法，兴趣逐渐浓厚，各种书体都学过之后，对“二爨”情有独钟，借此得过大奖、上过电视，学校也提供机会让她开了个人书法作品展；高中之后喜欢上摄影，虽然装备不行，拿着个傻瓜相机到处拍，但所拍照片的构图、选材等却是有独到之处，善于捕捉生活中的美和闪光点；在绘画上虽然没有专门去学什么素描、色彩等，但从小喜欢涂鸦的她，随便画上几笔却也是有模有样。填报志愿的时候，抱着试一试的心态在提前批中报了香港城市大学，要求寄送作品和个人简介、陈述，借此考察学生的想象力、观察力和自我表达能力。因为有以前的基础倒也不费劲，尽管已是最后高考冲刺的紧张日子，女儿仍是花了一个周末的时间，选照片、挑作品、买影集，勾勾画画，给每一幅精选的照片配上合适的一句话、一首诗，配上插图，制作了一本精美的个人作品集，看得我都爱不释手，真舍不得寄出去。

无心插柳柳成荫，原本不抱太多希望，却是成了最后的救命稻草。跟女儿开玩笑说她的运气好，让天上掉的馅饼砸中了，没成想女儿很认真地说，运气是给努力付出的人准备的。是啊，女儿说得非常对，不努力，没有辛勤付出，机会又怎会眷顾？一分耕耘一分收获！相信有此认识的她，会在自己选择的人生道路上继续努力和奋斗，时刻准备着被天上掉下的馅饼砸中。

女儿高考发挥失常，我原本是什么都不想写的，但最终的意外结果让我感叹，看到她从小的“不务正业”并非一无是处，让我看到了兴趣爱好所能起到的作用，素质教育对孩子全面发展的重要性，也感叹香港城市大学对考生全面考察的招生模式的合理性、内地大学仅凭一次高考成绩而决定孩子命运的残酷性，故而把最近的心态变化写下来，感怀几句，贻笑大方。也借此机会感谢四中的领导和老师们对女儿的培养和教导，尤其是班主任高老师对女儿鼓励有加，不离不弃，始终像对待自己的孩子一样倾注心血和爱，孩子的点滴进步都能让她高兴不已。唯愿学校更强，老师们育得桃李满天下。

11. 好成绩源于好老师、好同窗和自己的努力

文 / 刘双城母亲

2009年9月刘双城进入他理想的中学——北京四中，在老师的指导和同学的帮助下开始了新的学习和人生历程。刘双城在北京四中这片沃土度过的他人生中极为重要的三年中，他经历过成功的喜悦、失败的悲伤，他由懵懂的少年成长为对自己行为负责的青年。北京四中的三年为他未来的人生留下深深的烙印，给他和我们留下最美好的回忆。

一、尽职的好老师

在孩子中考报考北京四中时，我们还有些担心，听说四中管得松，怕孩子不适应。但是后来很快证明我们是多虑了。四中的纪律是非常严格的，刚开学，学校就发了红黄绿几大本书，不同颜色的书代表不同的要求，红色代表红线，是不能触犯的。与严明的纪律相对应的是老师对孩子的全心投入。有两件事我们记忆深刻。在孩子刚被四中录取时，暑假中我们就意外地收到了班主任高老师通过邮件发来的调查问卷，问卷从孩子的兴趣爱好、成长环境、性格等多方面了解孩子，当时我们就想，四中老师还是很不错的！后来的事，就让我们完全放心把孩子交给四中了。开学前高老师找孩子们谈话。孩子回家很兴奋，告诉我们高老师第一次见面就能叫出他们的名字，原来高老师在见面前每天看8班孩子们的照片，记住了每个孩子的长相，所以在第一次找孩子面谈时，能叫出每个孩子的名字。从这件事可以看出四中的老师是多么的用心啊！

孩子所在的8班，男孩子多，相比而言，英语成绩就弱一些。班主任高杰老师为了提高孩子们的英语成绩，与孩子们一起比赛背英语单词。高老师孩子小，但在高三的最后阶段，每天晚上都陪孩子们上晚自习到最后。孩子在高一、高二，在语文上花的时间比较少，到高三为了提高语文成绩，每周都找黄春老师面谈作文，黄老师有时候为了等他，连吃饭的时间都耽误了。还有物理老师、英语老师、生物老师等等，对刘双城的帮助都特别大。

二、优秀的同窗

双城在学习方面我们一直很放心，但毕竟高中阶段与以前不一样，仍需要社会、学校、家长、学生各方面的努力。高中教育不光是学习，重要的是培养一个健康的心态、优秀的学习能力和良好的处世之道。随着年龄的增长，朋友的影响远大于父母，有时候不愿意和父母说的话能对同窗好朋友倾诉，我们不用担心他的朋友对他有不好的影响。他的同学都非常优秀，从同窗身上看到自己的不足，是激励他不断进取的动力。

8班的孩子都很优秀，但更为重要的是都很大气。他们能一起分享他人成功的喜悦、分担他人失败的悲伤。孩子在8班结交了他终身的朋友，楚楠宽厚、豁达，智鹏智慧、善良……整个班级氛围非常和谐，团结友爱，追求上进，每次孩子谈起8班，眉飞色舞，自豪自信，非常留恋。

三、自己的努力

高中三年，孩子除了参加学校的物理竞赛班外，没有在外面上过任何补习班。主要是按照学校的规定，严格遵守老师的要求，踏踏实实，上课认真听讲，按时完成学习作业。用他的话说，只要把讲课的内容听懂了，把作业做完，理解透了，学习就没有问题。另外，孩子干事相对很有计划，时间利用有节点，精确到半小时之内，按照轻重缓急分解任务，有重点有目标，不完成坚决不干其他事情。此外，由于8班同学很优秀，他不懂的地方就向同学请教，取人之长，补己之短，成绩得到不断提高。

四、家长的配合

作为家长，在学习方面，相信学校、配合学校，让孩子也完全相信老师。我感觉这三年主要是做好服务工作，一点是减轻压力，在家不谈学习，只说些社会现象、人间百态，提高对社会的敏感性，让孩子精神健康，心态阳光，能感知社会，了解国家，成为心智成熟、完整的青年；其次是在生活上，要求孩子按时睡眠，坚持锻炼，在饮食上注意营养，保证身心健康，快乐成长……

孩子健康、快乐成长，能把控自己，沿着自己的梦想不懈努力，是我们全家最大的欣慰！

选择北京四中，无怨无悔！希望四中的明天更美好！

12. 为孩子遗憾的高考喝彩

文／邢霄父母

就在我写下这篇文章的时候，2012年高考结果正充满悬念。我儿子650多分的成绩，正在煎熬中等待清华分数线的确定（已被清华土木工程录取）。这个在北京四中高中二年级综合排名第17，高三期末西城统考区排名第三、高三一模西城排名第二的孩子，高三以来最差的成绩偏偏出在了高考上，这将是北京四中由高考一模第一名变成高考成绩50名以外的又一个典型。面对这样的落差和结果，尽管我不断地鼓励劝解孩子，但是自6月7日以来，堵塞在胸口的那团莫名的东西一直没有消散过，我愿意与同样遭受煎熬的父母们分享经历，给后来的高考生父母们提供教训。

一、孩子的坚强让我刮目相看

6月7号9点多成为噩梦的开始，而孩子的坚强也让我刮目相看。高考第一天结束了，虽然由于数学最后一道题第二问解题中带错符号，导致第三问结果错误，但孩子还能承受，并决心在第二天理综考试中弥补回来。但就在临睡前一刹那，就像流星划过夜空一样，孩子突然意识到，一道三角函数题求区间时，中间应该刨除的一点没有刨除，13分的题错在了第二问，孩子崩溃了，躺在床上浑身是汗，身体蜷缩在一起，和我相握的手不停地颤抖，盖着毛巾被还说“妈妈，我冷。”在我们呢呢喃喃的相互安慰诉说中孩子稍稍平静了，这个夜晚我不知道他是否睡着了，但是第二天早上4点多就醒了，还按照惯例又做了两道题练练手，在去考场前对我说：“妈妈，我想明白了，今天考好更重要。”事实是，物理最后一道题的最后一问没做，中午饭几乎没吃，下午英语的完形填空不会做，2012年高考成为高三以来最差的一次。值得欣慰的是，孩子在一连串的打击下坚持完成了考试，特别是，理综选择题全部正确，拿到120分，说明基本功非常扎实。凭直觉也保证如此高的准确率，孩子呀，你比我想象的更优秀。如果命运要给他的年少轻狂一个教训，孩子已经付出了代价；如果命运要考验他成大事的能力，一个刚刚成年的孩子面对挫折表现了如此顽强的斗志，不应该得到成长的机会吗？

二、相信孩子能够创造美好的未来

在1993年北京第一次大风降温的日子，一个男孩在中午的温暖里来到了这个世界，北京用一个银装素裹晶莹剔透的世界接纳了他，从此我坚信，他的未来无论有多少曲折，必将一片光明。由于严重腹泻，出生时6斤4两的孩子满月时勉强8斤达标，腹泻持续了整整100天；两岁17天进入幼儿园，此后支气管炎反复发作，曾经连续一个月吃中药以至孩子看见药就吐的地步，而到今天孩子的体育成绩全部优秀。是的，坚持住一定能创造好的未来，这是我和孩子共同坚守的信念。从东城区西中街小学到北京四中，没有值得炫耀的事迹，有的是一次次失败后的一次次崛起。初二时为了给班级歌咏比赛伴奏，他向老师承诺，把一只曲子连续弹奏十遍不出错误，接下来是周末两天练习到手指受伤，并最终达到目标；初三由于没有评上市三好拿不到5分加分立志考出北京四中初中部第一，结果以数理化全部满分总分554分的成绩实现了自己的诺言；进入高中，从开学的前50名到高一期末107名，这是他看看自己不学习会怎么样的结果。高一暑假删掉了所有的游戏苦学，迎来了开学考年级18名。在起起落落中，终于在高三基本稳定在年级前20名之内。孩子在学习上有四个特点：专注，不受外界干扰；高效率，总有时间玩游戏上人人网；勇往直前、不言放弃；思路清晰，具有独特的看待问题的角度。一个极端的例子就是一模中某区英语开放式作文，一幅画中，一个人在前边轻松地跑，一个人在后面满头大汗地积极追赶，一般孩子都认为画面表达了一个人落后时也不放弃的精神，我儿子则发现画面中第一人顺拐，认为画面说明异于常人的方法也能取得胜利。因此，“顺拐”成为了高三8班较真儿的代名词。

所以，我相信这个失败的高考一定是另一个好成绩的开端。

三、在挫折中更体会到师恩难忘

4年学前教育，12年中小学教育，4个班主任和不计其数的老师成就了孩子一路的梦想。我特别想感谢三位老师，他们从不同角度影响了孩子学习生活的质量。

第一位肖瑜老师，在孩子初中阶段培养了孩子学习数学的兴趣。让孩子不仅喜欢数学，更加乐于钻研数学，能够自己出道题把老师难住成为孩子的学习目标，直到高中孩子还把用多种方法解一道题作为学习方法，让孩子受益匪浅。

第二位贾东老师，让孩子在最不擅长的科目上也充满自信。开始写作文后，语文一直是孩子的弱项，进入初中孩子初一第二学期开学考语文只得了68分。贾东老师却在低成绩背后看到了孩子好学向上的本质，让孩子学会积累，找到兴趣，渐入佳境。

第三位高杰老师，做孩子青春期的精神引导。我的孩子心思单纯，心理年龄偏小，在人际交往上没有同龄人的水准。从优秀课代表到学生认可的学习委员，引导支持一直陪伴；从学习成绩不好时别气馁的鼓励到考试成绩优秀时别骄傲的提醒，次次都及时准确切中要害；从英语单词测试一同考试到晚自习的陪伴再到人人网上有针对性的激励劝说，超出了老师职责范围的所作所为，体现了对孩子真诚无私的爱，3年班主任，为孩子营造了一生值得回忆的美好青春记忆。

四、在高中阶段除了学习更要“制造”经历，为申请学校做好准备

回望孩子高中的经历，我唯一的遗憾是没有给孩子创造拿得出手的可以申请海外学校的经历。由于我们父母没有实现清北梦，进入清华大学是孩子进入四中后我们全家一起选定的目标，因此高中的一切行动都围绕进入清华园而展开，忽略了其他的选择，当结果不太理想时，悔之晚矣。希望后来的家长们注意学校的活动，在经济条件允许的情况下，尽量都参加，读万卷书有益，行万里路同样宝贵。

如果可以，我愿用我余生剩余可以交换的一切来换孩子的平安顺遂；如果不能，我会分担他的苦难、欣赏他失败了也不放弃梦想的勇气、陪伴他迎来梦想实现的日子。这是普天下所有母亲的心愿，所以，请让所有孩子的求学之梦都梦想成真吧！

回响

爸爸妈妈，我长大了！

• 唐雨霏

今天我十八岁了，爸爸妈妈，谢谢你们。

十几年来，一直是你们陪伴在我的身边，给我鼓励，陪伴我成长。

当我年幼时，你们告诉我做人的道理，不溺爱却也不过分严苛。你们尽自己的最大努力把我带进一个又一个艺术的殿堂，你们用自己的方式培养着我的兴趣；我不会忘记妈妈无论严寒酷暑，每天在我进入梦乡前都会给我读书，读《格林童话》，读《上下五千年》，读《今天我是升旗手》；我不会忘记爸爸帮我铺好一张张玻璃纸，在我身旁看着我描出轮廓，指导我用毛笔浓墨写下一个个大字；我不会忘记是爸妈周末背着大包小包，带着年幼的我从地铁里穿过半个北京城去学习绘画书法，面对我的怨念却从来不允许我退缩。

如果没有你们日复一日年复一年的坚持，年幼的我根本不可能克服惰性，也根本不可能学到那么多东西。也许我以后做不成大书法家、大画家，不能带着古筝坐在大礼堂里享受掌声也不会有书籍署着我的名字，也许我可能就是一个普普通通的上班族，在这个城市里每天做着普普通通的工作，但我由衷地感谢我的爸爸妈妈。是你们的付出带给我艺术的素养，给了我一双欣赏美的眼睛。

或许天下所有的父母都是一样的，没有父母会不爱自己的孩子。父母就是你生气的时候忍不住发脾气却永远不会责怪你的人，父母就是你沮丧灰心的时候永远站在你身旁相信你绝对没问题的人，父母就是即使再伤心再难过也绝对不会让你看出丝毫反而鼓励你坚持下去的人。

自从上了高中，我每周在家的时间越来越少。每天早上五点多起床六点就出家门，晚上十点才到家十一点多就睡觉，周六更是在学校上自习，似乎只有周日才是完完整整呆在家里。和爸爸妈妈在一起的时间迅速地减少，相信随着我年龄的增长，以后会更少。爸爸妈妈总是舍不得，总希望我多回家里。他们说外面的饭菜不好吃不健康，说家里的床又软又大，说给我做排骨炖鸡汤。他们其实就是希望我能够多在家里呆呆，多吃两顿我喜欢的。

他们的愿望其实简单得很，却总是因为我自己的问题落空。或许我现在亏欠他们太多，只能以后弥补。所以现在的努力才显得那么重要也那么必不可少。只有我的能力才能保障他们的未来。他们的付出是我这一生都还不够的。我想我会尽我所能。谢谢你们，爸爸妈妈。

后记

做四中人，真好

• 王博洋

2012年6月11号我把一摞高考试题答案汇编放在高杰老师桌上，无意间看到了摆在桌面上的那个八音盒，心头一震。这是我们毕业典礼时送给她的礼物。高考前的往事都被高考这个里程碑式的节点笼罩上，恍如隔世。那个八音盒瞬间又让回忆在心中如泉涌般爆发。三年了，太多不能轻易随风而散去的往事。好在，有我们一起来铭记。

2012届8班是一个神奇的集体。在班主任高杰老师带领下,48名水手于2009年9月起航，开始了他们三年的旅程。8班人大气的胸怀包容了每个人迥异的个性，让我们无论何时都充满阳光和快乐。在路途上，我们成功过、失败过，合作过、争吵过，轻松过，累过，哭过，笑过。一切的经历都汇集成了文字，带我们重温这三年的时光。

为了记录我们三年的流金岁月，在高考后半个多月的时间里，同学们积极投稿，其中的每篇文章都是8班人曾经经历过的。本书真实地再现了我们三年的生活和心理历程，这是我们三年的心路。

毕业季的事情很多，最后毕业典礼上的三件礼物是我们用了最多心思、做出的最精致的产品。要感谢一模后那个下午在二演室一起出谋划策的同学，刚考完试那么累，可是大家是那样积极热情；感谢班副张霄一直和我一起商量谋划、做出决定，高一高二的相互陪伴给我俩高三的工作带来最默契的合作，咱俩搭档最给力；感谢爱西在我最困难的时候站出来帮我分担了一个重活——那幅元素周期表的制作，为此她任劳任怨整整两天；感谢任可最先提出那幅马赛克照片的点子，许子言用出色的技能帮我们制作出最终的成品……当然，最要感谢的，是我们的班主任高杰老师，没有您三年精心的引导，尽力的呵护和全程的陪伴，绝不会有我们这48个孩子的今天。毕业典礼上您灿烂的笑容是您给予我们的最珍贵的礼物。

高老师，真心地谢谢您，也向您深深地鞠上一躬。8班感谢您！

“我们在，8班在。”这句话时常回响在我的脑海里。感谢8班的每一个人，这三年的旅程因为我们在一起而异彩纷呈。

毕业季有伤感，更有珍重。

我们终究要分手了，要去更远的天际看大千世界那色彩斑斓的风景了。然而，永远有一条隐形的藤蔓，牵系着我们。那就是三年来我们在一起结成的情义，这份浓浓的师生之情、同窗之谊将跨越时间和年轮，像血浓于水一样不可割舍。这三年的回忆将被完整地保留在这本小书中。

北京四中的校园里永远都有2012届8班的影子。

做四中人，真好。